BAJO EL ÁRBOL AMIGO

Frederic Solergibert

Bajo el árbol amigo

URANO

Argentina - Chile - Colombia - España
Estados Unidos - México - Uruguay - Venezuela

© 2002 *by* Frederic Solergibert
© 2003 *by* Ediciones Urano, S. A.
   Aribau, 142, pral. - 08036 Barcelona
   www.mundourano.com
   www.edicionesurano.com

ISBN: 84-7953-520-2
Depósito legal: B - 1.966 - 2003

Fotocomposición: Ediciones Urano, S. A.
Impreso por Romanyà Valls, S. A. - Verdaguer, 1 - 08786 Capellades
   (Barcelona)

Impreso en España - *Printed in Spain*

Agradecimientos

Las palabras se ordenan unas tras otras sobre el papel y al expandirse marcan el sendero hacia un desenlace que es provisionalmente definitivo. Las palabras, las frases, los signos no hubieran emergido sin el calor de muchas personas que con su cariño y entusiasmo me animaron a escribir esta historia. Ellos, amigos de muchas partes del mundo, son sus inspiradores. Muchas gracias por vuestra insistencia.

Este texto no hubiera ido a ninguna parte, salvo al encuentro de sí mismo, que es el destino final de todo cuanto existe, sin el apoyo, el estímulo y la confianza de Ángel García, extraordinario sanador y maestro de Feng Shui. Él, con su sensatez, pudo apagar el fuego de la autocrítica cuando a punto estuvo de devorarlo todo. Tampoco este libro existiría sin el apoyo, la paciencia y la generosidad de mi estimado amigo Agustí Ríos. A ambos, con incondicional amor, les agradezco su dedicación e incansable apoyo.

Sería muy egoísta por mi parte ignorar a mi editor y apreciado amigo Joan Salvador que, al igual que hizo con mi primer libro, *Lo que no se ve*, corrigió cuidadosamente el manuscrito original. Sus acertados comentarios, críticas y sugerencias contribuyeron a mejorar este libro. Muchas gracias de todo corazón.

Y, finalmente, sin que esta posición suponga una menor importancia, sino todo lo contrario, quiero reconocer en la ausencia de formas la invisible mano que ha guiado la mía. La de aquel que me ayuda en las dificultades, la de aquel que se alegra con mis éxitos. A mi sereno amigo el árbol, bajo cuya amada sombra crecí, con renovado amor expreso mi agradecimiento.

Índice

*La naturaleza posee y oculta poderes
que los seres humanos apenas
somos capaces de comprender*

I

Mira hacia atrás
y un relámpago advertirás.
Mira hacia delante
y una eternidad verás.
Parece un misterio,
mas una fantasía es,
porque aparente es el tiempo,
como ilusorios el final
y el principio son.

LAS ENSEÑANZAS DEL BOSQUE

Sucedió muy, muy lejos de aquí, en una hermosa pradera, en el claro de un bosque, junto al abrupto declive que va a dar al lago de aguas azules. Allí se elevaba hace muchísimos años un frondoso y apacible árbol cuyas ramas eran tan grandes y altas que parecía que desearan acariciar el cielo.

Radiante, majestuoso, de armoniosa presencia, el gran árbol creció con lentitud y sosiego, y para ello se tomó su tiempo: ancló sus raíces en tierra y expuso sus hojas a la luz del sol. Como corresponde a los de su especie, cesaba un poco en su actividad durante el otoño, y renacía con inusitada frescura y verdor en primavera.

Distanciado de sus compañeros, lejos de la espesura del bosque, era como una nube de frescura en el ardiente cielo del verano. La enorme fuerza que de él emanaba atraía no sólo a los fatigados caminantes, sino también a in-

13

contables y vistosos pájaros. De noble presencia, era el oasis ansiado tras el largo camino, un lugar donde guarecerse del sol y la lluvia, donde comer o soñar.

Una larga y sosegada vida había llenado de sabiduría al grandioso árbol. Un año tras otro, imponente, había sido testigo del simple y armonioso discurrir de las estaciones. Desde su calmada existencia celebraba la llegada de la torrencial y esperada lluvia tras el calor del verano, y luego, suavemente, se adormecía en un descanso invernal que lo regeneraba y preparaba para la nueva primavera. Realmente el árbol vivía rebosante de satisfacción.

Y así hubiera sido por los tiempos de los tiempos si un buen día no hubiera llegado, de una aldea vecina, un chiquillo para jugar a sus pies.

Al principio las visitas se sucedían de vez en cuando; luego se repitieron más a menudo, hasta que llegó un momento en que el niño corría cada día a esparcirse junto al árbol. En ocasiones se dedicaba a apilar piedras que en su imaginación eran grandes ciudades; en otras, inventaba batallas y peleaba y vencía. Llegó a salvar la vida de una princesa, prisionera de un terrible dragón, y aun alcanzó gran gloria cuando capturó a un famoso ladrón.

El anciano árbol, aquellos primeros días, no reparó en el bullicio del niño, pues llevaba mucho tiempo allí y el pequeño muy poco. Con el paso del tiempo, ante la persistencia del chiquillo, el gran árbol comenzó a dirigir su mirada hacia aquellos inocentes juegos.

Sonreía cuando se escondía tras su tronco y se emocionaba al sentir las pequeñas manos que, ingenuamente, trataban de abrazarlo. Asistía a sus juegos infantiles y cuando, finalmente, caía agotado junto a su tronco y se abandonaba al sueño lo observaba con atención y curiosidad.

Así fue cómo el chiquillo comenzó a formar parte de la vida del gran árbol. Así fue cómo se dejó seducir por el candor del pequeño ser. Porque el amor siempre es posible cuando perdemos de vista la ilusión de creernos diferentes, superiores o inferiores a los demás. El amor perdurará eternamente mientras el pequeño permanezca en su inocencia y el mayor no dé importancia a su grandeza.

Aquel árbol conocía, por supuesto, su grandeza y su poder, aunque eso no era lo más importante para él. La creencia de que se es mejor que los demás es un veneno que contamina sólo a las personas, a algunas; los árboles no sufren esta enfermedad. Para quien se cree grande lo importante es su vanidad, el egoísmo. Para el inefable gozo del amor no existen tales diferencias, no existe grande ni pequeño, porque el amor diluye, hace que las diferencias desaparezcan.

Así, el poderoso árbol, casi sin darse cuenta, empezó a amar al ingenuo niño, y día tras día, mes a mes, esperaba con impaciencia e ilusión la llegada del nuevo amigo. Le gustaba reírse con él, se emocionaba con sus gritos juguetones, lo cobijaba cuando la lluvia arreciaba y lo despedía feliz justo antes del anochecer.

El chiquillo creció y aquellos juegos cambiaron. Ya no se entretenía amontonando piedras; trepaba por el tronco para llegar a lo más alto... y el árbol se inclinaba para facilitarle la subida.

Ya fuera verano o invierno, al llegar el mediodía el muchacho corría hacia el gran árbol, que lo acogía inclinando sus ramas tanto como podía. Era feliz cuando colgaba de su ramaje o se atiborraba de sus frutos maduros. En verdad todo él vibraba en la energía del amor. Porque quien ama es dichoso cuando puede ofrecerte algo. El egoísta, por el contrario, sólo es feliz cuando ve la posibilidad de quitártelo.

Pasó el tiempo, y el muchacho creció al amparo del árbol. Comía sus frutos, se llevaba sus flores, jugaba a ser un dios en el Olimpo... Y es que el amor nos eleva, pues nos devuelve nuestra divinidad, del mismo modo que el egoísmo nos encarcela tras los gélidos barrotes de lo misérrimo.

El niño disfrutaba con la compañía del árbol y éste se sentía dichoso en presencia del chico. A veces sucedía que el chiquillo llegaba lloriqueando por tal o cual cosa y entonces el árbol se entristecía y buscaba en su interior el modo de consolarlo. ¡Qué hermosa se vuelve la vida cuando el amor es recíproco!

Es solidario quien ama —siempre encuentra el modo de caminar a nuestro lado—, pero a quien es egoísta todo le resulta indiferente, está tan ocupado en sí mismo que no le queda tiempo para pensar, para conversar o para estar junto a los demás.

Llena tanto la presencia del amor que cualquier detalle es motivo de celebración. Ver bailar al niño llenaba de gozo y placer al apacible árbol. En verdad se sentía feliz cuando veía cómo el niño devoraba con fruición sus frutos maduros. Ciertamente algunas ramas sucumbían al afán de arrancarlos, pero ya se sabe que las personas a veces somos poco consideradas. De todos modos, al gran árbol poco le importaba. Para quien ama cuenta más el amor y la intensidad de lo vivido que el dolor de un instante.

El paso de los años convirtió al niño en un adolescente cada vez más ocupado. Empezó a tener responsabilidades, exámenes que superar, nuevos amigos con los que charlar, tenía que buscar ocasiones para festejar y, con todo ello, se desarrolló en él la ambición tan humana de triunfar. Tanto era así, tan poco tiempo le quedaba, que apenas visitaba ya al árbol.

El primer día que faltó a la habitual cita el árbol quedó pensativo. No era capaz de imaginar qué ocurría. No entienden los árboles de prisas ni de muchas otras cosas que sí preocupan a los humanos; viven día a día, sin angustiarse por el mañana. Pero cuando las faltas del muchacho se prolongaron sí que experimentó el dolor que produce la ausencia del amado. Cada día, con las primeras brumas del amanecer, observaba ansioso el horizonte, pues esperaba vislumbrar en la lejanía la familiar figura. Y pasaban las horas y la tarde avanzaba e, irremediablemente, sus ilusiones se desvanecían.

No habrá tenido tiempo. Tendrá muchas cosas que hacer, pensaba.

Es cierto que el amor llega a comprenderlo todo, que puede perdonarlo todo; también lo es que el egoísmo nunca perdona, que surge de la ambición y se alimenta de la rabia, que crece con la envidia y engorda con el resentimiento.

¿Dónde estás, amigo mío? ¿Por qué no regresas?, susurraba el árbol a los cuatro vientos.

Porque el amor habla permanentemente a nuestro corazón, aunque el ser egoísta no pueda oírlo.

Amigo mío, ¿dónde estás? ¿No puedes oírme?

El amor siempre espera.

El gran árbol seguía aguardando y se entristecía cuando al caer la tarde, al llegar la noche, su amigo no aparecía. Las horas pasan lentas cuando se espera al amado que no llega. Cuánto pesa la soledad cuando queremos dar algo y no tenemos a nadie con quien compartir. Qué triste es el amor cuando no tiene a quien otorgar.

El muchacho crecía y cada vez disponía de menos tiempo para visitar a su viejo amigo. Ocurre que algunas personas, cuando crecen, ya no encuentran tiempo para el amor… Hay demasiadas cosas de que ocuparse, muchas responsabilidades nuevas, tantas que suelen olvidar lo que es esencial. Y así sucedió que el muchacho se olvidó de su antiguo compañero, del que fuera su inseparable amigo.

Pero un día, camino a otra parte, el muchacho pasó cerca del viejo árbol, y las palabras de éste pudieron oírse en un susurro llevado por el viento:

Hola, amado amigo. ¡Qué alegría volver a verte!

No había un solo reproche en aquella expresión de júbilo. Así procede el amor.

El joven se detuvo, lo miró y se acercó a él.

¡Cuánto tiempo ha transcurrido desde la última vez!

—continuó, emocionado, el árbol—. *Estaba muy preocupado… Pero ahora, al fin, has regresado. Tu presencia me hace feliz.*

—¿Qué te ocurre? —respondió el joven, sorprendido—. ¿De qué me hablas? No te entiendo.

El árbol no daba crédito a lo que oía.

—¿No ves que ya no soy un niño? ¿No te das cuenta de que ya no puedo perder el tiempo contigo? —En sus palabras había un deje de desdén—. Ahora trabajo, aprendo un oficio. De este modo me haré con una fortuna en el futuro.

¿Una fortuna? —repitió, extrañado, el árbol.

—Tengo prisa —continuó el muchacho—. La riqueza es lo más importante en la vida, pues gracias a ella se obtiene la felicidad.

Pero nosotros somos amigos… —intentó decir el árbol.

—¿Amigos? —Había un tono de burla en aquella expresión—. ¿Cómo vamos a ser amigos? ¿Quién eres tú? —le preguntó, mientras reía—. ¿Tienes acaso alguna moneda de oro para darme? ¡Seguro que no! Entonces, ¿cómo quieres que venga a verte?

Así vive y siente el egoísta: sólo piensa en sí mismo y en obtener lo que pueda de los demás. Cuando se acerca a alguien, lo hace con zalameras palabras y halaga para que quien atienda sus palabras se sienta especial. Seduce, y no porque ame o anhele compartir amor, sino porque desea sexo, dinero o cualquier otra cosa. Sólo sabe de intereses y beneficios. No conoce el amor, no, ni mucho menos le interesa comunicarse. Permanece mientras obtiene, y por eso le gusta usar a los demás, y explotarlos, para abandonarlos cuando no reciba ya nada más.

El árbol permaneció un instante en silencio, reflexionando, y al fin dijo:

¿Regresarás otra vez si te muestro el modo de obtener riqueza?

Puede parecer extraña la respuesta, pero lo cierto es que los árboles no saben de egoísmos ni de reproches, no sufren de rencores y sólo conocen el amor. El egoísta sólo piensa en recibir, nunca da nada, es inagotable en sus demandas.

—Oro, necesito una moneda de oro —insistió el joven—. Si tuviera una sola haría que se multiplicase...

Los árboles no necesitamos monedas de oro —se disculpó con dulzura el árbol—. *No tenemos esa obsesión, por eso vivimos tantos años. La lluvia llega cuando tiene que llegar, y mis ramas se llenan de hojas que atrapan el sol y de flores que fructificarán, que darán fruto. Todo sucede sin la necesidad de riqueza. Vivimos de la luz, y el suelo y el agua nos nutren. Vivimos en armonía, en paz.*

Pero el muchacho ya no escuchaba, sólo repetía las mismas palabras:

—Yo necesito una moneda de oro. Y no debo perder tiempo contigo si quiero conseguirlo; tengo muchas cosas que hacer —replicó; a continuación, dio media vuelta y empezó a alejarse del lugar.

Espera un momento —suplicó entonces el árbol—. *Sé cómo puedes obtener tu moneda de oro.*

El joven se detuvo, se dio la vuelta y le dirigió una mirada incrédula.

Tengo una idea. Hay algo que puedes hacer para obtener tu moneda. Mira mis frutos; son hermosos, ¿verdad? Si los recoges y los vendes en el mercado obtendrás el oro que deseas.

Al muchacho se le iluminó el rostro. En pocos segundos ya subía por el tronco para arrancar todos los frutos que pudo, y los llevó al mercado y los vendió. Al día siguiente volvió con dos grandes cestos y se llevo muchos más. Y así durante varios días.

El árbol volvía a ser feliz. Se mostraba radiante, a pesar de las ramitas rotas y de las hojas arrancadas —*¡Qué importa un poco de dolor cuando hay amor!*—, a fin de cuentas, su amigo había vuelto, había aceptado su ayuda y ya nunca se separarían..., o eso creía.

Tan feliz estaba el árbol, sumergido en la ternura del amor, que siquiera se dio cuenta al principio, cuando se agotaron los frutos, de que el joven no volvía ni aun para despedirse o agradecerle su regalo.

En efecto, desapareció. Había ganado su moneda de oro y tenía que hacerla fructificar. A partir de entonces podía comprar y vender, invertir en esto y en aquello. Y sí, ciertamente estaba muy ocupado, pues tenía aspiraciones, grandes ambiciones. Y con tanto ajetreo, quién se acordaría de un viejo y solitario árbol.

Los años pasaron y la tristeza y la soledad cubrieron con un negro manto la existencia del árbol. No había noche que no soñara con el regreso de su amigo. Las estaciones se sucedían y él, incansable, seguía aguardando, como la madre que se inquieta por la noche ante la tardanza de su hijo. Todo él agonizaba de dolor.

Transcurrieron muchos años; fue al final de un otoño, la húmeda bruma empezaba a cubrir los campos como anuncio de la llegada del invierno, cuando el árbol divisó a lo lejos una figura que le resultaba conocida. A medida que se acercaba sus rasgos le parecían cada vez más familiares.

Sí, es él, pensó, y un escalofrío recorrió todas sus ramas.

Había crecido, ya no era un muchacho. Claro, no podía serlo después de tantos años, pero el árbol conservaba el recuerdo de los grandes momentos de felicidad que habían compartido. Por fin, su gran amigo había vuelto, convertido en un hombre. Y todo él vibraba en la energía del amor.

Hola, amigo mío. Te he esperado tanto tiempo... Tócame, acaricia mi tronco, como hacías antaño, ¿lo recuerdas?, cuando eras niño.

—¡Qué tonterías dices! —respondió el muchacho convertido en adulto—. ¿No te das cuenta de que soy un hombre?, ¿no sabes que los hombres nunca mostramos nuestros sentimientos? ¡Eso es cosa de mujeres! —Sí, hay quien piensa así, quien cree que expresar amor es inadecuado—. Además, estoy muy ocupado…, necesito con urgencia más oro. No es la estación de las frutas y no sé cómo conseguirlo. ¿Puedes ayudarme?

¿Aún más riqueza necesitas? —preguntó el árbol, como si no creyera las palabras de su amigo—. *Ya te dije que nosotros nunca hemos necesitado oro.*

—Pues a mí me hace falta de inmediato, si no perderé todo lo que con tanto esfuerzo gané.

Así que te gustaría obtener más riqueza —respondió, pensativo—. *Bien, si quieres más oro sólo tienes que cortar mis ramas, llevártelas y venderlas.*

—¡Claro!, ¿cómo no se me había ocurrido antes? Mañana regresaré y las cortaré.

A la mañana siguiente el hombre llegó acompañado de unos trabajadores que, armados con grandes sierras, empezaron a cortar cada una de las ramas del gran árbol. Las amontonó en el carro en el que habían llegado y se las llevó, cantando de alegría.

Ni una sola vez miró atrás para dedicar un gesto de agradecimiento por aquel regalo. Pero al gran árbol no le importaba, ofrecía gozoso todo cuanto tenía a aquella persona a la que tanto había amado.

Cuando se acerca el invierno los árboles pierden fuerza, parece que duermen… y seguramente lo hacen. Quedaba de aquel ser un madero desnudo en medio de la pradera. Había desaparecido su grandeza. No le quedaban ya ramas ni flores ni frutos, y ni siquiera los pájaros lo visitaban para entretenerlo con sus trinos.

Solo, desnudo, soportaba el frío en invierno y el implacable calor en verano, y ciertamente aquellas inclemencias lo herían, sobre todo por la desnudez de su tronco.

En vano esperaba que el regreso del hombre lo consolara en su soledad, en aquella desnudez. Apenas atesoraba ya energías suficientes para esbozar un pensamiento, un deseo, y cuando conseguía reunir esas pocas fuerzas era para preguntarse cuándo volvería su amigo, para que le hablara, para reír juntos, para compartir la felicidad de tiempo atrás.

Debe de tener mucho trabajo, lo disculpaba.

Un buen día un anciano se detuvo frente al desgarrado árbol. No era el hombre vigoroso de antaño, pero lo reconoció de inmediato.

¿Qué deseas? —le susurró, con las escasas energías que le quedaban.

—Soy un hombre mayor —explicó—, y no me ha ido mal en la vida. He sido listo y he sabido hacer buenos negocios —sé cómo se gana el oro— y tengo una hermosa casa. Soy un hombre de éxito.

Entonces, ¿qué te trae de nuevo por aquí? —le preguntó el árbol.

—He conseguido casi todo lo que deseaba, pero la vida ha cambiado mucho últimamente y hay dificultades y escasez. He invertido mi dinero y no debo tocar mi inversión, pero en estos momentos necesito más monedas de oro. Y no sé qué puedo hacer.

El árbol permaneció unos instantes en silencio y al fin respondió:

Eso no será ningún problema... Fíjate, aún tienes mi tronco; puedes cortarlo, venderlo y hacer dinero con él.

«Es enorme», se dijo para sí, admirado, el anciano.

Por él te darán mucho oro. Y sólo te pido a cambio, amigo, antes de que te lleves lo último que me queda, que no te olvides de mí, que no tardes tanto en regresar. Acuérdate de tu buen amigo que siempre te espera.

Y así ocurrió que el anciano hizo cortar el tronco en varios pedazos, lo cargó en unos cuantos carros y se fue para siempre.

El gran árbol había desaparecido. En su lugar, casi a

ras de suelo, quedaba sólo un tocón, un muñón, una pro-
tuberancia que, a pesar de todo, seguiría esperando el regreso del amigo amado.

Tuvo que pasar mucho tiempo antes de que otro humano
se interesara por el viejo tocón, olvidado por todos en medio de la pradera. Era un viajero de aspecto un tanto peculiar, por su físico, por su porte, por el caminar ni lento ni
rápido, por aquella determinación carente de casualidad
con que se dirigía directamente hacia lo que quedaba del
árbol viejo. Su cuerpo, fuerte y hermoso, resplandecía bajo
el reflejo de la luz del sol, y su rostro sereno esbozaba una
sonrisa inocente como la de un niño, de aquellas que nacen
del corazón. Cuando llegó junto al tocón lo contempló con
sus ojos oscuros y penetrantes.

    ¡Qué extraño! —pensó el árbol—. *Su cuerpo es el de
un joven, pero posee la mirada sabia del anciano que ha vivido largamente.*

    El viajero se sentó frente al tocón y guardó silencio. Su
ropaje era escaso; apenas una pieza de tela blanca enrolla-
da a la cintura medio ocultaba sus fuertes piernas de caminante. Su rostro, su mirada tranquila y discreta, sus manos
y aun cada uno de sus dedos hablaban de paz, de serenidad
y de amor. No había en él angustia ni culpa. Sólo una im-
perturbable tranquilidad emanaba de él mientras respira-
ba suavemente.

    El árbol creyó que el tiempo se detenía, aunque tal vez
fuera que pretendía conservar para siempre aquel entrañable momento. Se sentía fascinado, nunca antes había visto
a nadie igual. Su apacible presencia era como el cristalino
elixir que su alma anhelaba. El espíritu del árbol supo entonces que se hallaba ante un maestro de sabiduría. Sí, en
él podía confiar, podía abrirle las puertas de su corazón en
busca de alguna respuesta.

    De este modo, imperceptiblemente, como si temiera

romper la serenidad del momento, dejó que surgieran de las profundidades de su ser sus recuerdos más íntimos.

El joven maestro atendía con todos sus sentidos al relato del árbol. Cada una de aquellas expresiones era recogida en la inmensidad de una comunidad silenciosa en la que los pensamientos del árbol sólo eran el vehículo que transmitía sus sentimientos. Ciertamente parecía que la comprensión del joven no tenía límites.

El árbol le describió los pormenores de sus juegos con el niño; le habló de sus risas y sus llantos, de cómo había crecido, y también de cómo lo había amado. Eran pensamientos sinceros, narrados con simplicidad, como son los de los árboles. Sin añadir ni quitar nada, permitía simplemente que su historia surgiese de su interior. Le contó cada una de las demandas del muchacho, su necesidad de ganar dinero y cómo gentilmente lo ayudó. Detalló cada una de las mutilaciones que había sufrido y cómo el hombre, finalmente, había desaparecido con la carga de leña hecha de su tronco.

Y, cómo no, le hizo partícipe de su deseo de un reencuentro, de la ilusión con que esperaba el regreso del hombre.

Tendrá muchas cosas que contarme —murmuró en un suspiro el árbol—. *Hace mucho que lo espero..., y me siento confundido. A veces pienso que tal vez le haya pasado algo. ¿Es posible que haya sufrido un accidente?* —preguntó.

Pero el joven se limitaba a escuchar en silencio su queja.

¿Y si finalmente se ha arruinado? —insistió el árbol—. *¡Cómo me gustaría saber qué ha sido de él! Ahora que ya no me queda nada..., qué feliz sería si pudiera volver a verlo.*

En aquel momento el joven maestro acarició con bondad infinita el tocón que antaño había sido un árbol imponente y hermoso. A continuación, cerró sus insondables ojos unos instantes y besó con dulzura la ajada corteza.

Y el viejo árbol se sintió reconfortado por el infinito poder del amor.

Entonces el joven abrió de nuevo los ojos, observó el viejo tocón y con expresión de respeto hacia aquel relato dijo con voz suave y firme:

—Amigo árbol, este hombre que tanto esperas nunca regresará. No lo hará porque sabe muy bien que tú ya no tienes nada que ofrecerle. Nunca te amó, sólo ambicionaba tus recursos. Pero tú tampoco lo amaste, porque si algo le diste lo hiciste porque de ese modo confiabas en retenerlo junto a ti. Y amar no consiste en darlo todo, sino en ofrecer lo adecuado y estar, al mismo tiempo, dispuesto a recibir.

En aquel momento posó su mano con gesto paternal sobre el tocón, y continuó:

—Profundiza ahora en la experiencia del amor incondicional, comprende la armoniosa naturaleza del dar y del recibir, embébete de la energía inagotable, del poder del amor que hay en ti.

Y sucedió algo extraordinario. Al contacto con su mano el espíritu del árbol se sumió en una profunda y renovada calma. Como si no tuviera ante sí al joven maestro, empezó a vislumbrar otros rostros, un caudal de caras que desfilaban ante él... centenares, miles de semblantes distintos... todos se le acercaban. Y ocurrió que todos esos rostros adquirieron al final una misma apariencia, que adoptaba rasgos infantiles, los mismos que los de su amado niño, los de aquel joven, los del hombre, los del anciano. Cambiaba el cuerpo con el tiempo, pero era el mismo rostro que se renovaba constantemente, unas veces odiado, otras amado.

Entonces se vio a sí mismo como una sencilla semilla engendrada entre los pétalos de la flor de un gran árbol y, aún semilla, vio a continuación cómo un pájaro la transportaba en su pico hasta que por fin caía en el prado. Contempló el amanecer del mundo, galaxias que explotaban y se consumían, y luego quietas aguas que se mecían en la oscuridad de la noche. Y en todo ello había algo que se entretejía entre todas las cosas, y un hilo de continuidad, algo débil, sin sustancia, aunque con existencia. Y experimentó a través de esos hilos el universo entero.

Todo era luz.

Y más allá, y por encima del firmamento, entrevió la sonrisa del innombrable poder que trasciende la existencia. En ese instante, su conciencia comprendió la infinitud del tiempo, el misterio de la vida y la muerte. Se dejó arrebatar por un profundo estado de amor y sabiduría y la realización máxima llenó todo su ser con una inefable gratitud.

A medida que el inmutable y luminoso éxtasis lo embargaba, todo atisbo de vida se recogía en lo más profundo de sus raíces, preservando así su singularidad en el nutricio seno de la madre Tierra.

Cuando la imagen del mundo se desvaneció por completo de la conciencia del árbol y quedó sólo el vacío y el silencio, el joven maestro, que había permanecido junto a él sin moverse, se incorporó y, en silencio, se dirigió hacia el bosque; allí pareció que se desvanecía, como si se fundiera con las doradas coloraciones de los árboles. Todo ello ocurría bajo el rojizo cielo del atardecer de un lejano día de otoño.

Así fue como el gran árbol alcanzó finalmente la completa comprensión sobre la naturaleza del amor.

II

¡Mirad al joven maestro,
bajo las doradas ramas se queda!
Llegan después los ancianos discípulos,
que se acomodan con respeto alrededor.
El maestro es en verdad sabio.
No habla. Instruye mediante el silencio,
y ese silencio resulta suficiente
para disipar todas las dudas.

—LAS ENSEÑANZAS DEL BOSQUE

Del mismo modo que la noche más larga y oscura cede con la llegada del nuevo amanecer, llegó un día, transcurridos muchísimos años, en que la conciencia del árbol se estremeció. Aquel largo periodo de calma e inactividad dio paso a una leve corriente de vida. Primero fue un ligero escalofrío lo que recorrió las viejas raíces; luego, una clara toma de conciencia, y, finalmente, el despertar.

Se iniciaba con renovada vitalidad un nuevo ciclo de actividad. De las viejas raíces comenzaron a surgir, tímidamente, pequeñas raicillas que escarbaban la tierra en busca del necesario alimento, que se convirtieron en poderosas raíces que se adentraban profundamente en el fértil suelo del prado.

El árbol salía poco a poco de su abstracción. Cada día se sentía un poco más vivo, más fuerte, más despierto. Aquella renovada vitalidad lo impulsaba de nuevo a crecer. En aquellos instantes, el viejo tocón, durante tanto tiempo sepultado en el prado, se sentía inundado por la renovada energía acumulada durante el largo periodo de meditación. La vida bullía con fuerza en su interior, impulsando la savia hacia fuera, empujándola con brío, apremiándola a emerger. Surgió entonces un brote, una yema, y otras más, que se desarrollaron y se convirtieron en tallos, en ramas... en un árbol renovado.

Pasaron las estaciones y donde antes hubo una vieja cepa enterrada crecía ahora un espléndido ramaje. Y así, pronto, volvía a ocupar su lugar en el verde prado un majestuoso árbol que se desarrollaba con fuerza lejos del bullicio de la ciudad de los hombres.

De nuevo en sus ramas volvían a anidar los pájaros, mientras su sombra servía de refugio a los caminantes. Sí volvía a ser el mismo árbol que siempre había sido. No obstante, algo había cambiado; parecía que brillaba con luz nueva, con tintes de serenidad, quizá sabiamente.

Había en él un conocimiento nuevo, más profundo. Reconocía que debía seguir aprendiendo sobre la naturaleza del amor, y de algún modo tenía la certeza de que cuando hubiera profundizado lo suficiente el joven maestro regresaría.

III

*Hermanos son
los habitantes del planeta.
Compañeros de un viaje sin fin,
de un eterno volver a comenzar.
Aunque diferente es el destino
en la eternidad.*

—Las enseñanzas del bosque

El árbol lo vio y lo reconoció tan pronto como su silueta apareció en la lejanía. De algún modo había estado esperando aquel momento. Andaba con paso despreocupado, ensimismado en sus juegos; se paraba aquí y allí, bien para arrancar una flor, bien para intentar cazar una mariposa.

Se entretuvo un buen rato corriendo de un lado a otro por el extenso prado, jugando, chillando, hasta que llamó su atención el majestuoso árbol, que se mostraba hermoso e irradiaba tal sensación de protección que era imposible no sucumbir a su atractivo.

Se dirigió hacia él con la mirada cautiva, como si estuviera ante una visión, como si le resultara familiar. Cuando el niño llegó frente al árbol extendió la mano para tocar el tronco. Dio un par de vueltas alrededor, reunió un par de piedras y, finalmente, cansado, agotado de tanto jugar, se sentó. Poco después, apenas sin darse cuenta, apoyó la cabeza en el inmenso tronco y, sin más, se quedó dormido.

Fue un sueño sosegado, al abrigo del árbol que dibujaba como en una sonrisa un semblante plácido, con todos los pliegues y recovecos de su corteza brillantes, luminosos, como expresión de la serenidad que da la sabiduría de quien no se opone a ninguna voluntad, de quien conoce la perfección de todas las cosas, la comprensión que otorga el discurrir del tiempo.

El niño regresó al día siguiente, y al otro y al otro. Cada día se sentaba y jugaba bajo la acogedora sombra. Se sentía cómodo allí: podía inventar nuevos juegos o, simplemente, holgazanear y fantasear. No importaba lo que hiciese, era feliz viviendo junto a su nuevo amigo, el árbol, que, de este modo, se convirtió otra vez en testigo mudo de los juegos de un niño.

Lo protegía, cuando acudía a él, con el manto invisible del amor; con ternura recogía sus sonrisas, y con afecto y comprensión asistía a sus tristezas. Le ofrecía también sus frutos maduros, y gozaba viendo cómo se balanceaba en sus ramas. Pero en esta ocasión cuando el niño se ausentaba él seguía en paz, disfrutando de las cosas más sencillas: de la plateada luna, del fulgor de las estrellas y, llegado el caso, de las noches oscuras, de las nubes y la intensa lluvia. Su herida había florecido, el antiguo sufrimiento se había iluminado. En aquellos momentos de su existencia no sólo sabía dar y demandar, también era capaz de esperar y recibir.

El niño fue creciendo, con el paso de los años, a los sublimes pies del magnífico árbol. Se sentía bien allí: cuando algún dolor le oprimía el corazón o un problema lo acuciaba corría hacia él y experimentaba entonces la paz de confesarse, de abrir de par en par la intimidad de su alma. El árbol lo escuchaba siempre con atención: lo comprendía todo, lo escuchaba como ningún humano haría, asimilaba aquellas explicaciones sin perderse una sola palabra, sin impacientarse, sin juzgar ni elogiar. Tan sólo escuchaba. Cuando el muchacho terminaba de hablar se lo agradecía. Y no por lo que el árbol le decía, que era nada. En esos tiempos los árboles ya no hablaban, y no porque no pudieran hacerlo, simplemente porque nadie disponía ni de un instante para escucharlos. De modo que le transmitía una paz que colmaba su corazón y tenía el extraño poder de resolver sus dudas... tan profunda era la enseñanza del árbol.

El niño convertido en muchacho adquirió nuevas responsabilidades. Por las mañanas iba a la escuela, estudiaba, preparaba exámenes y ayudaba a sus padres. A veces, al anochecer, saltaba de la cama, abría la puerta de la casa y se quedaba allí, fuera, en medio de la oscuridad, con el deseo de desafiar los peligros de la noche para correr hacia el árbol.

Más veranos pasaron, y más inviernos. El muchacho visitaba a su amigo cada fin de semana: se sentaba a sus pies, leía algún libro y tomaba frutas. Un día se le ocurrió hablar de dinero, de cómo ganar mucho dinero, y un vago recuerdo atravesó de extremo a extremo la conciencia del árbol.

—El dinero es importante porque con él puedes conseguirlo todo —reflexionaba en voz alta el joven.

Pareció entonces que cesara el viento, pues las ramas repletas de frutos dejaron de balancearse. El muchacho los miró y pensó que eran hermosos, que quizá podría coger unos pocos para llevárselos a su casa, pero de inmediato recapacitó y desistió. Si lo hacía una vez, quizá su familia se lo pediría siempre, y no le gustaba la idea de que el árbol se quedara sin frutos.

Por su parte, el árbol en esa ocasión no dijo nada, no se ofreció. Comprendía que aquel amor ciego que una vez experimentó era, en realidad, simple pasión, un intenso deseo de cambiar al otro que lo encadenaba y lo destruía. Consideraba aquella experiencia valiosa, pues había sido necesario probar el dolor para gozar de forma más completa, entonces, de la vivencia del amor. De modo que el joven se alejó como había llegado y el árbol permaneció bienaventurado en su simplicidad.

El joven crecía y las visitas se espaciaban cada vez más, aunque siempre encontraba el momento de volver al que denominaba «su sitio bonito». Además, las inquietudes que asaltan al hombre a esas edades —el sentido de la vida, la preocupación por las injusticias y por la explotación, entre otras— le afectaban también a él y allí encontraba la ocasión para compartirlas, para el desahogo. Así, cuando se encontraba débil o cansado, apesadumbrado o disgustado, se abrazaba con fuerza y en silencio al mágico tronco, y él árbol lo sanaba y lo reconfortaba con su amor. Ciertamente, el abrazo del amado cura las heridas del alma.

Y ocurrió un día —andaba el joven nervioso y preocupado, contándole sus cuitas— que oyó una voz en su interior que le decía:

Lo aprenderás. Aprenderás todo, como lo aprendí yo, como hacemos todos.

No cayó en la cuenta en un principio de que le hablaban y siguió con su charla íntima, hasta que, de pronto, lo advirtió y quedó mudo. Sabía que estaba solo, que ningún ser humano podía responder a sus cuestiones. ¿Qué ocurría entonces? Miró alrededor y comprobó que la luz del sol sobre las lejanas montañas era diferente, que incluso era distinta la frescura que proporcionaba la sombra del árbol y aun había cambiado la forma en que se balanceaban al ritmo de la brisa las florecillas del prado. En cierto modo, todo permanecía igual... pero parecía diferente. A medida que cambiaba su percepción de la naturaleza que lo rodeaba, su respiración se sosegaba y su conciencia se expandía, se abría a nuevas formas de existencia.

Instintivamente, el joven se sentó junto al gran tronco y, como si el trance fuera un hábito adquirido con los años, cerró los ojos y escuchó con atención la dulce y entrañable voz del árbol que le hablaba en el corazón:

Lo aprenderás todo cuando estés dispuesto a amarlo todo.

Y, por extraño que parezca, no se sorprendió el joven de que su amigo hablara. Se sentía sumergido en una especie de sueño en el que toda experiencia fuera posible, en el que nada se juzgaba ni se rechazaba, más bien todo se asumía y se vivía.

Lo aprenderás todo a través de la vida, de la experiencia y de la eternidad del tiempo. Abre tus ojos y observa, adiestra tus oídos y escucha, usa tu mente y aprende. Obrando de este modo obtendrás todas las respuestas.

Aquella voz lo envolvía, lo maravillaba. El intenso sentimiento de perfección que transmitían aquellas palabras tenía el poder de aplacar sus dudas. Desaparecían sus inquietudes y surgía en lo más profundo de su mente un nuevo anhelo. Fue una revelación. Comprendió en aquel momento que no hallaría respuesta a todas las preguntas que se hacía acerca de la vida mediante razones o cavilaciones, sino observando, viviendo y amando.

«A partir de ahora —pensó—, no buscaré respuestas dictadas por la inteligencia, sino por la experiencia.»

Aprender, todo reside en aprender. Durante cientos de años he acogido bajo mis ramas a incontables caminantes; para muchos he sido una sombra, un refugio, en su camino. Unos viajaban para comerciar; otros, apurados, se dirigían a alguna celebración o a la boda de un pariente lejano. Algunos paseaban por capricho, mientras otros huían deprisa. Los veía llegar, como el día y la noche, para quedarse un instante y luego partir. Así son las relaciones: encontrarse, compartir, separarse. Escuché a todos y con ellos me enriquecí; los acogí con amor y gratitud, amablemente les di cobijo. De ellos aprendí y espero que ellos aprendieran de mí. Seguramente, unos lo hicieron, y otros, no. Qué otra cosa es en realidad vivir sino un constante compartir.

Sentir la suave voz del árbol le producía una profunda

felicidad; escucharla le llenaba de confianza. En la intimidad de su mente percibía al árbol como un ser rebosante de luz, resplandeciente, que le transmitía plenitud. Así fue como la aspiración de aprender del joven se convirtió en deseo; el deseo, en pensamiento, y éste, en determinación. Buscaría la manera de quedarse a vivir junto al imponente árbol y aprendería de su profunda sabiduría.

¿Cómo podría instruirte si sólo soy un simple árbol? —oyó el joven en respuesta a sus pensamientos—. *¿Cómo podría hacerlo? Si pudiera aleccionarte sería un profesor, un erudito. Pero soy un árbol y mi misión es permanecer aquí, en este prado...*

Esas últimas palabras desplazaron la conciencia del joven; una ligera brisa empezó a desentumecer su cuerpo. Respiró entonces con suavidad; a continuación, suspiró profundamente y, tras percibir la frescura de la noche, estiró los brazos tanto como pudo.

El árbol había enmudecido. El joven sintió el deseo, común al despertar de un dulce sueño, de seguir en él, de oír aún la cálida voz. Pero sólo oía el sutil murmurar de las hojas movidas por la tenue brisa de la noche.

Poco a poco empezó a abrir los ojos. Ante él se extendía el florido prado, que centelleaba a ratos a la luz de la luna llena; en el cielo, entre débiles nubes que se aclaraban a impulso del viento, aparecía un cúmulo de estrellas. El joven dirigió la mirada, con gesto entrañable, a su amigo el árbol: de raíces a copa exhibía una sublime imperturbabilidad. Una serena sonrisa se dibujó en su rostro: sus ojos ya no mostraban inquietud, se limitaban a observarlo todo con ecuanimidad.

En ese instante se dio cuenta de que la naturaleza que lo circundaba rebosaba de vida, y descubrió que siempre había sido así, a pesar de que él no lo había apreciado hasta entonces. Todo lo que le rodeaba formaba parte del manto de la creación. Percibió el reflejo de su alma por todas partes, en el prado, en las flores, en las lejanas montañas y, más importante aún, comprendió que él participaba de todo.

Abrió sus brazos y, con gran respeto, ciñó con ellos el tronco del árbol en señal de agradecimiento. Entonces se alejó del lugar despacio, atravesó el vasto prado y se internó en el bosque, camino a casa.

Aquella noche durmió profundamente.

IV

Extiende sus doradas ramas
y abraza la luz.
Crece sin prisa el gran árbol;
posee fuerza, ritmo y armonía,
y así obtiene
aquello que por las premuras muchos
están obligados a renunciar

—LAS ENSEÑANZAS DEL BOSQUE

Despertó y el árbol seguía allí.

Se había acostumbrado a pasar las noches con él: escuchaba su voz y trataba de asimilar su mensaje. Pero más que educarlo el árbol le mostraba un modo diferente de vivir. El joven era incapaz de explicar en qué idioma o dialecto le hablaba, pues las palabras surgían de lo más íntimo y eran expresadas en el sutil y universal lenguaje de los sentimientos, y así cada expresión llegaba a su corazón y lo conquistaba, lo llenaba de sabiduría y amor.

El conocimiento se adquiere a través del estudio, por las experiencias vividas o por las enseñanzas de los mayores, y todo ello queda registrado en la memoria. De ahí parten las decisiones acerca de lo que nos corresponde o no hacer, lo que tenemos o no que creer, cómo sentir y cómo reaccionar. Lo aprendido se confía a la memoria como experiencia, y ese saber es recuperado cuando hay necesidad de él, cuando hay que hacer algo, en el momento de tomar decisiones e incluso cuando nos abandonamos en brazos de alguien. El bagaje de experiencias de cada cual es como un sedimento que nos condena a la repetición de situaciones. Las caras y las personas pueden cambiar, pero los acontecimientos son siempre los mismos. La sabiduría es capaz de vaciar la mente, de restaurarla, de dejarla libre de impresiones pasadas, de limitaciones y prejuicios, y de devolvernos la libertad de actuar sin miedos ni condicionamientos. En la sabiduría no hay adoctrinamiento, sino libertad de elección.

Cada atardecer el joven se reunía con su amado árbol, se sentaba bajo su follaje y procuraba silenciar su mente para entrar en comunión con él. Lentamente creaba en sí mismo un hondo sentido de quietud: el nerviosismo y el apresuramiento quedaban poco a poco al margen, mientras su cuerpo y su mente se impregnaban de la profunda calma del lugar. Sin sentimentalismo ni emotividad, embebido en un estado de total atención, el joven entraba en contacto directo con el espíritu del árbol.

Al principio apenas era un murmullo —de hecho, muchos días no conseguía oír la suave voz del árbol—, pero a medida que pasaban los meses su mente ahondaba más y más en la quietud. Entonces el mensaje del árbol irrumpía, claro y diáfano, en su conciencia.

La verdad y el amor aguardan en todas las cosas —le explicó en una ocasión—, *pero es necesario dejar de correr, detenerse, para poder observarlo.*

El árbol hizo un largo silencio, como si deseara que el joven asimilara aquellas palabras. Luego prosiguió:

Tiempo atrás conocí a una pareja joven y enamorada. A menudo, los días de fiesta, se sentaban bajo mis frondosas ramas; charlaban, comían y, al cabo, a instancias de la joven, regresaban apresurados a su casa. Iban con sus hijos, y a ellos les gustaba jugar por el prado: allí corrían, se escondían y se revolcaban en inocente competición por ver quién conseguía de aquel modo, rodando, llegar más lejos.

En verdad los niños eran felices aquí y se entristecían cuando tenían que partir.

La vida había sido generosa con ellos —prosiguió el árbol—. Vivían en la abundancia y la comodidad que les proporcionaba una inmensa fortuna. Poseían una hermosa casa, grande, con criados y carruajes, y disfrutaban de unos hijos sanos y de buena salud. Con todo, a pesar de aquella abundancia de dones, no eran dichosos. Ella siempre se quejaba de sus muchas tareas, y marido e hijos sufrían en silencio junto a ella.

De naturaleza bondadosa, culta y admirada por sus buenas y desinteresadas acciones, siempre trataba de hacer el bien y ayudar a los demás. Ocupaba su tiempo con obras de caridad, en reuniones sociales, en el hospital, como voluntaria, en el servicio a su iglesia, en la organización de festejos. Siempre dispuesta a auxiliar a los demás e incapaz de decir no a cualquier petición, todo el mundo le solicitaba favores. Cuando una amiga caía enferma, ella acudía a su lado, siempre que alguien la necesitaba, allí estaba. Y ciertamente estaba muy ocupada, tanto que cada vez pasaba menos tiempo en casa. «Hay tanto por hacer y tengo tan poco tiempo», se quejaba.

Las obligaciones y las reuniones consumían su tiempo, y por más que hacía —se extrañaba el árbol—, por rápido que fuera, siempre tenía algo más que hacer. Acelerada como iba, apenas veía a la familia. «Intentaré llegar pronto», decía, pero raro era el día que no surgía un imprevisto, una cuestión de fuerza mayor que impedía el cumplimiento de su buen propósito. Y así fue como, sin darse ella mucha cuenta, su marido, sus hijos, todo cuanto decía amar o gustar quedó poco a poco pospuesto, dejado para después.

Por supuesto, su esposo deseaba su felicidad, pero cada vez que pretendía hablar con ella se encontraba con que no disponía de tiempo. Ya no salían a pasear, no se entretenían en charlar.

Un día, al fin, el esposo salió solo a caminar. Absorto en sus pensamientos, sin dirigir sus pasos a ningún lugar preciso, fue a parar a este prado. Me extrañó verlo solo; caminaba encogido, y su rostro mostraba preocupación: la mirada baja, los ojos tristes. Todo en él hablaba de dolor. Llegó junto a mí, se sentó a mis pies, se reclinó contra mi tronco y su mirada se perdió en la lejanía.

—¿Cómo podré convencer a mi esposa? —se decía—. ¿Qué haré para que cambie?

Al impulso del viento las flores dibujaban un arco iris, aunque él era incapaz de percibirlo. Estaba cansado, se veía, y creo que el murmullo de mis hojas le relajaba, pues se le cerraban los ojos y, finalmente, quedó dormido.

Fue un sueño profundo y hermoso, vosotros lo llamáis reparador. Quizá por ello al despertar pudo atrapar un rayo de luz en forma de pequeña revelación. Se le ocurrió entonces una idea. ¡Cómo no había pensado en ello antes! Feliz, se puso en pie y, con paso alegre y decidido, emprendió el camino de regreso al hogar.

Le costó dar con lo que buscaba, pero un amigo lo ayudó y por fin lo encontró. Lo escondió entonces, lo cuidó y mimó, porque era su intención regalárselo a su esposa el día del aniversario de su boda.

Llegado el día, la mujer se sorprendió ante aquel presente. Sus mejillas enrojecieron de vergüenza, pues, de hecho, ni se acordaba de que fuera su aniversario. «Es comprensible, estoy siempre tan ocupada...», pensó.

—Amada esposa —le explicó el marido—, éste es mi regalo. Tómalo con cuidado, es un pájaro muy valioso y su vistoso plumaje es muy especial. Es un ejemplar casi único en nuestro país, así que cuídalo, pues es además el símbolo de nuestro eterno amor. Aliméntalo con cuidado, no lo alimentes demasiado ni demasiado poco, y ten cuidado porque es muy sensible. Ocúpate personalmente de que no le falte nunca el agua, háblale para que no entristezca y cubre su jaula con una tela para que no sufra en las noches

frías. Y disfruta para siempre de su bello canto. Te lo regalo en prenda de mi eterno amor hacia ti. Cada día, cuando lo oigas cantar recordarás que te amo eternamente.

La joven, enternecida, tomó en sus manos la jaula con el precioso pájaro y su corazón se derritió al oírlo piar. En verdad se sentía amada, y prometió que se ocuparía personalmente de él.

Y así lo hizo durante las siguientes semanas, aunque pronto los días volvieron a huir rápidamente. De nuevo se sucedían sus actividades, se multiplicaban las reuniones y su vida otra vez volvía a acelerarse y a robarle el tiempo. Tenía siempre tanto por hacer..., con tanta urgencia..., que ya no le quedaba ni un minuto para cuidar del pobre pájaro.

Es cierto que al despertarse le echaba un vistazo para comprobar que aún le quedaba comida, y también lo es que, con el tiempo, comenzó a poner a su alcance grandes cantidades de comida y agua, para disponer así de más tiempo. Al anochecer con frecuencia olvidaba —«¡Qué cansada estoy!», pensaba— cubrir la jaula con el paño.

El pájaro empezó a cantar cada vez menos, y lo hacía ya sin alegría, pero ella no se daba cuenta... de tan ocupada como estaba. Hasta que un mal día murió de frío.

Ese día, cuando despertó y lo vio caído, frío e inerte, con las patitas hacia arriba, el corazón de la mujer dio un vuelco. No podía dar crédito a lo que veían sus ojos, y antes de caer desmayada, en un gesto instintivo, atinó a sentarse. Cuando su anciana criada logró que se recuperara ella rompió a llorar: estaba asustada, presa de un terrible dolor.

Al llegar su marido a la mujer no le quedó otro remedio que contarle, y entre sollozos lo hizo, lo que había ocurrido. Entonces él respondió:

—Ya ves: así son las cosas de este mundo. Este pájaro era un ser vivo, y ahora yace muerto; yo no puedo hacer que resucite, nadie lo hará. Tú no tuviste tiempo para cui-

darlo y finalmente lo perdiste. Así ocurre en la vida: aquello que olvidamos acaba desapareciendo. No importa si se trata de amigos, de hijos o padres, lo que no alimentes con tu amor acabará por perderse. Te acostumbraste a ver el pájaro siempre allí, con su vistoso plumaje, cantando alegre, y olvidaste cuidarlo. La Energía Infinita nos ofrece sus dones, y a nosotros nos corresponde el sagrado deber de hacerlos prosperar. Recuerda, amada mía, que sólo amas aquello que tienes tiempo de cuidar.

A partir de aquel día la familia recuperó los paseos de tiempo atrás, en esta ocasión sin prisa, hasta el anochecer. Mientras los niños jugaban, la mujer, sin apremios, se entretenía conversando con su marido. Había descubierto el valor del tiempo, la sabiduría de disfrutar del trabajo sin olvidarse de sí misma ni descuidar a los que amaba. Recuerdo que los ojos del hombre recuperaron sosiego y claridad, y me miraban a menudo con una profunda expresión de paz y felicidad.

Una vez concluida la historia, el árbol guardó silencio. Su amigo, el joven alumno, quedó embelesado sentado a sus pies.

V

*Exige la supervivencia salvajes
y dolorosas decisiones.*

—LAS ENSEÑANZAS DEL BOSQUE

El color anaranjado del cielo se transformaba en un intenso violeta a medida que los últimos rayos del sol se ocultaban tras las lejanas montañas. Al joven le gustaba esa hora de la jornada, pues su corazón y su intuición le decían que aquellos instantes entre el día y la noche conformaban un momento mágico en el que toda manifestación era posible. No en vano su primer encuentro con el árbol tuvo lugar a esa hora.

Quizás el lector tenga también, algún día, un encuentro de estas características con un anciano árbol, quizá dé con un motivo para caminar hasta su presencia. Es posible que no oiga su voz, que sus sentimientos no le lleguen con claridad, pero seguro que será bien recibido. Mucha gente aún no ha aprendido a apreciar los árboles, pues los talan, los queman, los arrancan…, como si se les respetara cada vez menos; con todo, ciertamente los árboles mantienen su espíritu abierto hacia quien a ellos se acerca.

43

Tan sólo con su mágica presencia, el árbol en el prado había ofrecido muchísimo al joven humano: su mente se hacía más clara, más comprensiva. La inquietud y las prisas habían desaparecido en él, y habían dado paso a un estado de armoniosa efectividad. Con pasmosa claridad era ya capaz de distinguir la nebulosa y estrecha línea que separa lo que es urgente de lo que es importante. Cada día, al despertar, anotaba cuáles eran sus cinco prioridades del día, sus asuntos más importantes. Luego, en una nota aparte, escribía sus prioridades, y finalmente listaba las tareas urgentes que también debía realizar. Lo más importante, lo prioritario, era siempre lo primero que hacía; lo urgente lo dejaba para después. Con esta sencilla manera de actuar el joven aprendió a ser cada vez más eficiente, a no ser esclavo de las prisas ni de las circunstancias, a vivir fluyendo sin interferencias. *Una vida obstruida* —le había explicado el árbol—, *lleva a la inercia y al fracaso.*

Vivir con fluidez y liberarse de los sutiles estorbos, dos hitos que marcaban el comienzo del aprendizaje, uno de los temas recurrentes del árbol.

El sol brilla hasta el anochecer —le hacía notar el árbol—, *y las estrellas hasta el amanecer. La creación tiene una rutina, y si deseas una vida exitosa y armónica deberás guiar tu existencia de acuerdo a un método.*

La sabiduría del árbol no era algo irreal. Nunca lo invitaba a huir ni a olvidarse de sus responsabilidades; más bien al contrario, suponía un constante estímulo para que se integrara en ellas. Así, huyendo de toda fantasía, el joven iba madurando, comprendiendo quién era él, arraigándose en el regazo protector de la madre Tierra, creando una vida en armonía con el mundo que lo rodeaba.

Así existen los árboles: profundamente arraigados, hasta lo más íntimo unidos a la tierra. Sus raíces se adhieren a ella casi del mismo modo en que las células de los humanos se entretejen en sus organismos. No se mueven los árboles, y por ello en su existencia nunca pierden conexión con el mundo natural, aunque su espíritu se expande y participa de las experiencias del mundo que los rodea y del cual forman parte. No olvidan el sentido de interdependencia, de amor a un todo mayor. Es así como aprenden de la materia, de la energía, pues dejan que su espíritu fluya a través de las sensaciones, de la experimentación.

Los seres humanos poseéis dos piernas —explicaba el árbol— *y podéis trasladaros e incluso viajar. Esta movilidad os hace muy vulnerables; con frecuencia olvidáis que formáis parte de ese todo mayor, de ese inmenso entramado llamado Universo. Este olvido hace que el espíritu se extravíe, que la mente se confunda y que, finalmente, el cuerpo enferme.*

Compararse es una obstrucción de la mente —continuó el árbol—. *Siempre hallaréis un humano mejor, más bello, más inteligente, con más éxito. Fíjate en nosotros, los árboles, que no podemos compararnos ni tenemos ocasión de trasladarnos. Crecemos, eso sí, mejoramos, evolucionamos usando nuestra percepción, nuestra sensibilidad hacia el entorno y los demás. Ni convertidos en adornos, aprisionados entre el cemento o el asfalto, nos desconectamos del mundo natural.*

Las primeras estrellas punteaban el cielo de una noche sin luna. La fresca brisa mecía con suavidad la rica floresta circundante.

El amor se expande cuando las necesidades vitales están satisfechas —prosiguió el árbol—. *Las carencias materiales son fuentes de dolor y resentimientos más que de amor. Toda la creación precisa alimentarse. Yo me nutro hundiendo mis raíces en la tierra; las aves vuelan a la caza de insectos o semillas, y los humanos trabajáis para obtener dinero. Ciertamente se puede ser feliz sin dinero, pero no si te falta el dinero.*

Guardó entonces silencio, como si con aquel gesto esperara a que sus palabras calaran en el joven. Al cabo, lentamente, prosiguió:

La pobreza es un estado de la mente.

A veces resultaba difícil entender el mensaje del anciano árbol.

El caudaloso río es apenas un hilo de agua cuando nace, en las montañas, pero tiene un propósito, posee una finalidad: alcanzar el mar. Ora fluye despacio, ora con rapidez, pero no se angustia por la velocidad de sus aguas, lo que en realidad cuenta para él es llegar. El río conoce muy bien el valor de la cooperación; crece y se hace grande con la afluencia de otros. Con tenacidad, paciencia y agilidad sabe sortear los obstáculos que siempre aparecen en el camino. Nunca se cansa; a veces parece que retrocede ante una dificultad, pero se trata tan sólo de dar un rodeo, es un acto de adaptabilidad, de flexibilidad, que le permitirá finalmente seguir avanzando. En verdad el río no se preocupa por lo que hacen o piensan los demás: tiene una misión y la cumple con eficacia y empeño.

Deshazte de obstrucciones y acepta el reto de ser cada día mejor —insistía el árbol—. *Entrégate eficazmente a tus responsabilidades y serás ampliamente recompensado. Poco importa que el trabajo sea sencillo o que esté mal remunerado, entrégate a él, realízalo con dedicación, desafectadamente, y con el paso del tiempo te verás promovido a una actividad mejor. Céntrate en tu tarea con amor y gratitud, porque de hacerlo así siempre obtendrás mayor recompensa.*

El joven asistía en un silencio respetuoso al discurso del árbol; se afanaba por asimilar cada una de sus palabras.

Dejar de compararse para comenzar a fluir. No luches por ser mejor que los demás, simplemente actúa, observa y aprende de cuantos te rodean y, sin duda, te convertirás en el mejor.

El hablar pausado del árbol, la melodiosa tonalidad de cada palabra, se depositaba con suavidad sobre la fértil mente del joven discípulo.

Aprender más rápido que los demás es la única forma válida de competencia.

El crecimiento, el anhelo de progresar es una tendencia natural compartida por toda la creación. El Universo entero es sólo energía en expansión. Permítete fluir a través de ella. Pero no confundas este armonioso deseo de superación con el constante esfuerzo del competidor, pues la intensa lucha por ganar y el constante miedo a perder agotan la mente y niegan el regenerador disfrute y la paz. Siempre habrá alguien con quien competir, alguien con quien luchar... Permite que el amor y no el egoísmo sea tu fuente de inspiración...

Hizo una pausa, y un profundo silencio se extendió a través de la pradera.

...Se viven tiempos en que las sociedades, las culturas y las tecnologías avanzan a un ritmo más rápido de lo que avanza la misma raza humana, y resulta de ello que el mensaje de una unión con el ritmo natural se vuelve confuso. La civilización se extiende por todas partes y las áreas urbanas devoran lenta e inexorablemente el paisaje que las circunda. En esta época de materialismo los mensajes de amor y humanidad tienden a pasar desapercibidos. Vive el ser humano demasiado lejos de la realidad.

El anciano árbol mostraba a su joven discípulo una nueva visión del mundo, basada en el respeto y la consideración, puntos de referencia más necesarios que nunca antes para sobrevivir en un mundo carente de amor.

El joven permanecía sentado, radiante, a los pies del árbol. La fuerza generada por la sintonía entre ambos le proporcionaba una calma regeneradora, que lo ayudaba a recuperar el equilibrio, la serenidad, la sensibilidad. Le llenaba el corazón de paz.

El árbol había concluido y el joven, sin abrir siquiera los ojos, se reclinó contra el poderoso tronco y, acurrucado, quedó plácidamente dormido. Quien lo viera de aquel modo diría de él que flotaba arropado por un sutil manto de amor.

Dormiría así largamente.

Llegó la noche y el muchacho seguía bajo la protección del árbol. Su respiración era lenta y pausada, como correspondía al calmo estado de su mente. Pero cuando las primeras luces del amanecer se asomaban con timidez tras la línea del horizonte su respiración se alteró, justo en el instante en que una chispa de lucidez consciente disipaba la tupida oscuridad del profundo dormir. La conciencia del joven entró en la tenue dimensión del soñar.

Y en su sueño vio una semilla caída en la tierra que exclamaba:

¡Ya estoy de nuevo aquí! ¡Qué alegría volver a empezar! Saldré de mí y creceré más allá de mi cáscara, me transformaré dentro de la tierra. Primero será una ramilla, y luego, otra. Una pequeña raíz será mi base, entonces mi tallo subirá con fuerza, lozano, y se hará tronco. Seré un árbol grande y fuerte, y así algún día mis frutos maduros saciarán el apetito de algún caminante.

El joven suspiró profundamente y aquel gesto propició que el sueño se intensificara, que se volviera más claro y perceptible, y por ello distinguió que a una cierta distancia de la vivaz semilla yacía otra, que se lamentaba:

¡Oh, no! No comprendo. No sé cómo pudo pasarme esto a mí. No sé dónde estoy ni qué tengo que hacer. Debo ir con cuidado, será mejor que no me arriesgue, aunque, en fin de cuentas, este lugar parece bastante bueno. Me quedaré recogida, quietecita, y esperaré que algo suceda. Quizás algún pájaro me transporte a otro lugar mejor. No tengo ninguna prisa...

El sueño del joven ganaba en intensidad, era apresurado, como si se acercara el despertar. Y en él el tiempo transcurría aprisa, pues comprobó que habían pasado unos meses y la primera semilla era ya un pequeño arbolito, abierto a la vida, mientras la segunda aún permanecía encerrada en su caparazón de conformismo, de egoísmo y miedo. Sucedió entonces que se dejó oír un ruido, un trajín que se acercaba... Contuvo la segunda semilla el hálito vital, pues empezaba a apoderarse de ella el pánico... porque aparecieron ante ella las fauces abiertas de un ratoncillo que se dispuso a devorarla.

Aquel que se resiste a fluir con la vida acaba siendo empujado por ella, y así acabará por transformarse —resonó en la cabeza del joven, con lo cual despertó.

Abrió los ojos; jadeaba. El prado, el árbol, todo seguía igual: había sido un sueño. Cerró los ojos y procuró recuperar el ánimo. A continuación, empezó a abrirlos de nuevo y contempló cómo incontables gotas de rocío brillaban por doquier a la luz de los primeros rayos de sol del amanecer. Se desperezó, los brazos bien abiertos, y bostezó. Entonces, poco a poco, se incorporó.

Agradecido por la experiencia, besó la corteza del árbol y volvió al camino lleno de determinación y entrega a la vida.

VI

La consecuencia de malinterpretar la sexualidad
es mantenerse atrapado en un mundo irreal de
*   deseos y fantasías.*
El confundido vaga dentro del círculo de
*   insatisfacción,*
dolor y culpa que se ha impuesto.
Observa la espontaneidad, la inocencia y la
*   libertad*
con que la sexualidad se expresa en el bosque,
Esas mismas cualidades existen dentro de ti.
Permíteles que afloren delicadamente
y regresa al paraíso, al lugar dentro de ti
donde la luz brilla y la calma resplandece.

—EL JOVEN QUE HABLABA CON LOS ÁRBOLES

Cuando un árbol alcanza cierta edad y considerables dimensiones, cuando sus años son incontables y con nuestras manos abrazamos su tronco y sentimos una invitación a sentarnos y a disfrutar de su hospitalidad, con seguridad podemos concluir que nos encontramos ante un ser sagrado. El espíritu es aquí palpable y nuestra mente puede impregnarse de su callada sabiduría, de su regeneradora paz y de un incondicional amor.

* * *

A lo largo de numerosas jornadas el venerable árbol animó a su joven discípulo a estudiar, a valorar en su justa medida sus necesidades biológicas.

Necesitas alimentarte todos los días —le dijo en una ocasión—, *y por eso debes asegurar tu sustento, aprender a satisfacer tus necesidades a través de un uso razonable y consciente de tus recursos materiales.*

La penuria, la escasez de medios, es como una telaraña que tejemos alrededor de nosotros y que nos atrapa y nos restringe, que nos condena a una constante búsqueda de nuevos recursos. Si no tienes trabajo, si tienes dificultades para obtener tu sustento, vivirás atrapado en la necesidad —explicaba el árbol—. *El instinto de supervivencia capturará tu mente y acabará esclavizando tu ser interior.*

Fíjate en nosotros —añadió—. *Nos elevamos, bien alto, fuertes, y nuestras ramas se extienden y amparan a los caminantes de la intensa lluvia y del ardiente sol. Producimos flores y frutos e incluso, gracias a nuestras hojas, purificamos el aire y lo hacemos respirable. En verdad prestamos un gran servicio a la humanidad.*

Pero no puedes percibir cómo nuestras raíces penetran profundamente, como serpientes, en la tierra en busca del preciado alimento, de humedad. Sin esas tenaces y fuertes raíces no sobreviviríamos ni cumpliríamos nuestra función.

El árbol hizo una pausa, como solía hacer para permitir que el muchacho asimilara lo que le decía.

Del mismo modo, todas las especies que pueblan el planeta precisan alimentarse, tienen que asumir el sagrado deber de satisfacer con armonía sus necesidades. Nosotros, los árboles, lo hacemos por medio de las raíces; los animales, cazando, y vosotros, los humanos, ganando dinero.

En ocasiones al joven no le gustaba el mensaje que le llegaba del árbol. Hubiese querido pasar el tiempo holgazaneando junto a su amado amigo, viviendo la intensidad del bosque vecino o nadando en el lago. Adoraba esa libertad, y aborrecía vivir en una ciudad, o la obligación de estudiar o trabajar. De hecho, el pequeño pueblo en el que había nacido se estaba convirtiendo en una urbe, que se le antojaba amenazadora, pues crecía día a día como un cáncer, devorando, talando, allanando y asfaltando sin límites lo que hallaba a su paso, destruyendo todo vestigio de vegetación.

«¿Ganar dinero? ¿A quién le interesa ganar dinero?», pensaba el joven.

La pobreza es un estado de la mente —solía decir el árbol—. *La mente está enferma y la vida cotidiana sufre las consecuencias de ello. El dinero no es bueno ni malo, sólo es dinero* —argumentaba—. *Pero hay personas que lo confunden con el espíritu que les da la vida. Creen que cuanto más acumulen, más seguridad obtendrán. Y al buscar en él confianza y libertad devienen en esclavos de su miedo a perder. Gana el dinero de manera impecable, úsalo con corrección. Fluye con el espíritu de la vida, actúa intachablemente, y no permitas que el dinero te use a ti. Evita trabajar tan sólo por el dinero que percibirás; así, tu mente permanecerá libre de dependencias. Piensa que necesitas una mente libre para apreciar la verdad.*

De la misma forma que los árboles esparcimos nuevas simientes cada año, hay que extender el dinero para hacerlo fructificar. No acumules en exceso, invierte con sabiduría —lo instruía el árbol—. *Observa la naturaleza y descubrirás que se rige por unas normas precisas. No te apartes de ellas, evita el desgaste de vivir a contracorriente. Advierte cómo mis raíces me permiten elevar mis ramas hacia el azul del cielo y cómo, aferradas a la tierra, hacen frente a los potentes vientos. Si tanto anhelas la libertad, construye tu vida sobre una sólida base material. Evita la dependencia económica de otros, de este modo evitarás que los vientos de las conveniencias te agiten o te arrastren.*

Del mismo modo que un padre adiestra a su hijo en los

entresijos de la vida, enseñándole las lecciones esenciales para la supervivencia, el árbol instruía a su joven aprendiz en el intachable y equilibrado modo de generar, mantener y aumentar sus recursos.

Mucho tiempo dedicaba el árbol a moldear la mente del discípulo, tanto que no cabrían en estas páginas sus enseñanzas, que fueron muchas. Pero si en algo insistía una y otra vez era en la necesidad de alcanzar una armonía con el ritmo natural.

A la mente le resulta fácil abandonarse por los caminos que invitan a la evasión y a la autocomplacencia. Desconfía de los que te halagan —le aconsejaba—. *Es muy fácil manipularos, a los humanos, por medio de la vanidad. Bastan unos halagos para convertiros en obedientes corderitos. Busca lo esencial, aquello que únicamente puede ser visto con la transparente mirada de quien ha resuelto sus contradicciones y, por ello, sabe vivir en armonía con el mundo y con la naturaleza.*

Transcurrían los años y el muchacho se convertía en un joven, casi un hombre ya, que aún disfrutaba con sus visitas al anciano árbol. Quizás hubiera preferido que el mensaje del árbol fuera otro, menos pragmático. Pero más que una evasión, el sendero que el árbol le mostraba era una constante invitación a integrarse en el Todo. Aquella inmovilidad, la neutralidad y la ecuanimidad de que hacía gala eran una invitación a penetrar en lo que él denominaba la única verdad.

Sentimos el impulso de estar físicamente seguros; los humanos tendéis a exigir esa seguridad en todo cuanto hacéis, pensáis o sentís.

El árbol hablaba pausadamente, como si se entretuviera en escoger con cuidado cada palabra.

Pretendéis siempre estar seguros, acertados. De ahí surge la competencia, los celos, la codicia, la envidia e incluso la guerra y el dolor. Muchos de vosotros cuando os equivocáis os sentís inseguros; con el error os llega la tris-

teza, os hundís, generáis ansiedad o caéis en la depresión. Pero pensad que es precisamente el error lo que os ha de permitir mejorar.

El deseo de seguridad tiende a estar distorsionado en todos los humanos —continuó el árbol—; os obliga a creeros mejores que los demás, a imponeros, y de este modo transformáis lo hermoso de vuestra vida en una pesadilla.

Hace muchos años —empezó a contar entonces—, en las afueras de una ciudad, cerca de aquí, vivían, en estrecha vecindad, un clérigo y una hermosa mujer. El sacerdote regía su vida según las estrictas reglas que le imponía su confesión religiosa: austeridad y oración. De naturaleza voluntariosa, trataba de hacer el bien. Siempre se lo encontraba rezando en la iglesia o tratando de ayudar a los demás. Por su parte, la agraciada mujer era popular, por su juventud y belleza entre los hombres de la región, que pasaban largos ratos con ella en la privacidad de su casa.

Un buen día el sacerdote, cansado de asistir a la lujuriosa vida de la mujer, la insultó: «¡Bruja maldita! No te basta con condenarte que hundes a los demás en el fango de tu lascivia… Tu vida es asquerosa y tus pecados incontables. Deberías estar muerta, pudriéndote en el infierno.»

La bella mujer quedó desconsolada al oír aquello… —el árbol hizo una pausa; parecía que el relato también lo entristecía a él—. Sola como estaba, sollozando, corrió calle arriba y abandonó la ciudad por el sendero que conducía al bosque.

A ella, como a muchas mujeres de idéntica profesión, no le gustaba lo que hacía, pero le resultaba tremendamente difícil cambiar. Por supuesto, hubiera preferido cualquier otra ocupación, pero no sabía ni podía hacer otra cosa. Además, ¿quién ofrecería un trabajo honrado a alguien como ella?

Perdida, casi sin darse cuenta, atravesó el bosque y se detuvo a cierta distancia de aquí, frente a mí. De inmediato le dio un vuelco el corazón. Fue como un flechazo..., pues se acercó muy despacio y se quedó justo donde tú estás ahora.

Ciertamente, no solía pasear por los solitarios bosques, pues dedicaba su tiempo a frecuentar otros lugares en busca de clientes. Veía los árboles como una masa verde, carente de vida, hasta aquel día. Me miró entonces con ojos nuevos, como si a punto estuviera de atravesar las puertas del paraíso.

Extendió su mano hacia mí en un gesto de pura intuición, la apoyó sobre mi tronco y respiró profundamente. Percibí que nunca antes había tocado en realidad un árbol, y la fuerza que generaba en ella el contacto, aquel vínculo, no se manifestaba en un gran vigor o bienestar, sino como una particular calma regenerativa que la ayudaba a recuperar el equilibrio, la armonía, el amor que una vez hubo en su corazón.

La mujer lloró largamente, como sólo saben hacer los niños cuando nadie los ve. Al caer, sus lágrimas eran acogidas con cariño en el protector regazo de la madre Tierra, sin que ninguna se perdiera, para transformarse en hermosas flores.

«Aunque no pueda cambiar mi forma de ganarme la vida —pensó la mujer—, sí puedo hacerlo de otro modo, con otra intención.»

A partir de aquel instante se propuso hacer de su profesión un acto de amor y de entrega, practicándola tan bien como supiera, ofreciendo el máximo placer, desprendiéndose de su yo y ejerciéndola con ecuanimidad.

Y así, con el corazón regenerado, emprendió el camino de regreso a casa y prosiguió su actividad.

Por su parte, el ministro del Señor se mostraba cada vez más indignado —siguió su relato el árbol—, pues comprobaba que, a pesar de sus palabras de crítica, la mujer seguía desafiándolo con su medio de vida. Tan enfadado estaba que un día empezó a marcar con una señal, en una *pared del templo, cada una de las ocasiones en que un hombre entraba en casa de la mujer. Al cabo de un tiempo eran innumerables las muescas en la pared. Encolerizado, fue a buscarla, la asió por un brazo y la arrastró hasta el interior del templo.*

—Maldita mujer —gritó el clérigo—, realmente eres el diablo encarnado. Mira todas estas marcas en la pared. Me has obligado a hacer una por cada uno de tus actos impuros. Aquí, en la casa de Dios, quedan registrados para tu perdición y eterna condena.

Las palabras del religioso, convertidas en afiladas dagas, atravesaron con infinito dolor el corazón de la desconsolada mujer. Se sentía despreciada por el representante de lo divino, con inmenso dolor, asustada, aterrada ante la furibunda mirada del clérigo. En la intimidad de su alma deseó intensamente que Dios la apartara de aquel hombre y de ese modo, también, de la vida.

Y apenas transcurrido el tiempo preciso, el dolor de la atormentada mente se extendió al cuerpo de la bella mujer, que caía gravemente enferma y, poco después, moría.

El mismo día —la voz del árbol se llenó de emoción—, de forma súbita, abandonó su envoltura carnal el clérigo. Y su alma descubrió que el espíritu de la mujer se elevaba a las esferas más refinadas y luminosas, allí donde residen los espíritus más puros, mientras que él, a pesar de ser un ministro del Señor, descendía a los espesos y oscuros abismos. Como solía hacer en vida, el clérigo se opuso indignado a aquella situación y, citando las escrituras, exigió justicia por el agravio que se había cometido con él.

Fue entonces cuando una voz resonó en su interior: «Protestas porque has viajado al infierno de la ignorancia, a pesar de tu vida de rezos y beatería, y de que, por el contrario, la maldita mujer, como la llamabas, sea llamada a penetrar en la luminosidad del centro de la Inteligencia Infinita. Aun ahora ignoras que la actitud con la cual vives determina lo que haces. ¿Es que todavía no has compren-

dido que vale más un sencillo acto de amor al prójimo, hecho de corazón, aunque sea anónimo, que cien mil rezos repetidos mecánicamente? Mira tu cuerpo, frente al altar mayor, embalsamado y engalanado con tus hermosos hábitos, respetado y acompañado por tus feligreses, dispuesto a ser enterrado. Observa ahora dónde quedó la mujer, olvidada en una fría y húmeda habitación, repudiada por tus fieles, ignorada en la muerte más que en la vida. Ningún hombre entre aquellos a quienes tanto placer proporcionó ha derramado una lágrima ni ha recitado una oración. Ninguno supo ver que ella actuaba sin artificio, que realizaba su cometido con amor y que aprendió de los misterios del placer y de la unión, lo que le permitió vivir en aquella verdad que está por encima de todas las verdades y con la cual se identificó plenamente. Pensó siempre en lo eterno y, al fin, lo alcanzó, mientras tú, por el contrario, obsesionado con el pecado y la culpa, coloreaste tu espíritu, lo degeneraste. ¿Comprendes ahora el porqué de tan dispares destinos? Ella sana sus heridas nutriéndose de la luminosidad del amor, mientras tú precisas la oscuridad para reflexionar.

Terminado el relato, el árbol hizo una pausa, y al cabo continuó, esta vez con voz más neutra.

Nosotros, los árboles, no sabemos de purezas ni impurezas, no entendemos por qué al placer se le llama pecado en algunos lugares. Observamos, sí, cómo la alegría y la belleza se expresan a través de la sexualidad. Gozamos con el esplendor de las flores cuando esparcen su polen al viento. Nos sentimos dichosos cuando los animales se sirven con vigor del sexo para reproducirse, y con inocencia contemplamos cómo los humanos gozan del placer. La creación —añadió, con dulzura— es un acto erótico, un acto de amor. Todo cuanto existe lleva impresa la marca de la sexualidad, que es la esencia de cuanto existe.

El conjunto de creencias que gobierna algunas comunidades es resultado de la ausencia de equilibrio entre el cuerpo y la mente, entre la realidad y la fantasía. Todos los que habitamos en este universo estamos inmersos en un proceso evolutivo en el que cada cual vive según su propia realidad. No impongas tus creencias. Libérate de todo deseo de imponer tu razón porque nada en la Tierra es ni está nunca seguro. Si comprendes lo que te digo te librarás del temor.

El silencio siguió a sus palabras; sólo se percibía el suave murmullo de las ramas movidas por la brisa.

VII

Algunas personas aparentan vivir en este mundo.
Caminan entre nosotros, sí, pero en realidad no
    están aquí.
Las asustó tanto al nacer el dolor de lo civilizado
que sólo piensan en hallar el modo de irse,
de abandonar nuevamente el planeta.
Viven aquí, se mezclan con otras gentes,
pero en el fondo están ausentes. Viven
    aletargadas.
No toman partido y siempre se evaden con
    irrealidades.
Las reconocerás porque van de aquí para allá
siempre con la misma pregunta:
«¿Qué es lo que tengo que hacer?,
¿cuál es mi misión en la vida?»
La respuesta es muy simple:
Estar aquí, asumir responsabilidades, promover
    actividad.
Tomar conciencia del poder que poseen los actos
    propios.

—El joven que hablaba con los árboles

Para elegir el árbol que ha de servirte de guía no debes guiarte por el intelecto, sino por los dictados de tu corazón, como ocurre cuando te enamoras. Para empezar, pasea con sosiego por el bosque, y detente a menudo, deja

61

que te impregne la fuerza que emana. Cierra los ojos de
vez en cuando y facilita así la práctica de la introspección;
ábrelos luego, lentamente, para contemplar la belleza, el
sosiego y la magia de la vida en su estado más virginal.
Despreocupadamente, con andar pausado, pisa la blanda
alfombra de crujiente hojarasca y procura dejar tu mente
en blanco. Tal vez, si consigues detener tu diálogo interior,
divises un árbol que se distinga de los demás. Préstale especial atención, obsérvalo detenidamente y quizás advier-
tas un murmullo en tu corazón. Si es así, acércate, acarí-
cialo con respeto y descúbrele tu corazón. Déjate contagiar
por la inconmensurable energía de su amor.

El árbol es el punto intermedio entre cielo y tierra.
Prolongación de la madre Tierra, crece y se eleva hacia el
cielo en busca de la generadora luz. De los extremos de sus
ramas brotan tallos nuevos, hojas y flores que acabarán
siendo frutos; las raíces lo nutren, lo sostienen y lo conec-
tan con la energía vital. Encierra en sí mismo, en sus ele-
mentos —raíces, tronco y follaje—, una enseñanza, la necesidad de armonizar tres aspectos primordiales de la vida:
recursos, determinación y amor. Tres facetas que, cuando
se equilibran, constituyen el eje central a partir del cual es
posible extenderse más allá de las propias limitaciones y
reencontrar lo infinito.

Eran lecciones que empezaba a asimilar el joven del discurso del árbol. Llegaban la lluvia, la neblina y una brisa fría
que anunciaban la inminencia del invierno. Quizá por ello
avanzaba más despacio entre las arboledas, por el sendero
tantas veces recorrido; la niebla se movía con lentitud entre
el alto follaje, ahora se aclaraba y dejaba entrever las formas, ahora espesaba y lo cubría todo, y quedaba entonces
el paisaje sumergido en algo parecido al ensueño que pre-
cede a la revelación.

El joven se hacía muchas preguntas; algunas tenían

respuesta, mientras parecía que otras eran evitadas, como si el noble árbol esperara, con infinita paciencia, el momento oportuno para transmitirle el inagotable caudal de su generosidad y de su abundancia.

«¡Cómo amo este lugar!», pensó el joven. Acababa de llegar junto al poderoso tronco y acariciaba su corteza. Inspiró lentamente. Había ocasiones en que oía con claridad el murmullo del árbol en su corazón; otras, en cambio, el gran ser permanecía en silencio, reservado, ausente, como si estuviera sumido en una profunda meditación. Cuando así sucedía el joven permanecía junto a él, la espalda apoyada contra el tronco en actitud comedida, respetuosa, y evitaba perturbar el silencio, procuraba comulgar con él.

Al poco el árbol salió de su ensimismamiento:

¡Cuántas vidas, cuántas historias, cuántas enseñanzas!

Se expresaba con lentitud, como correspondía a la época del año. Porque con los primeros fríos los árboles se aquietan, se recogen en profunda meditación y acumulan la necesaria energía para el próximo bullir primaveral.

Durante años y años han desfilado ante mí numerosísimas personas —continuó el árbol—. *Muchas creían que vivir era acumular dinero; otras se conformaban con poseer una casa o bienes lujosos; algunas soñaban con tener una pareja, o con cambiar la que ya tenían, y las había incluso que buscaban sólo excitación. Casi todas gastaban su tiempo en trabajar, trabajaban y trabajaban, acumulando riqueza, para acabar, al fin, en la tumba.*

Un fresco airecillo estremeció las ramitas más jóvenes del árbol, y de ellas cayó una suave lluvia de minúsculas y brillantes gotas de rocío.

He conocido vidas que fueron y son un conflicto constante, gente centrada en sí misma que trataba de resolver un problema tras otro. Cuando parecía que uno se resolvía, la misma solución provocaba con el tiempo un problema mayor. Eran personas que buscaban soluciones cuando en realidad sólo precisaban comprensión. Partían de aquí al fin, se alejaban, sin comprender ni resolver. No encontraban ninguna finalidad, realización ninguna.

La niebla empezaba a disiparse; en las vertientes de las montañas, sobrevolando el bosque, quedaban unas nubecillas, y el sol, más allá, se esforzaba en brillar entre ellas.

La vida es tan sólo el discurrir de un instante tras otro, y debe valorarse por la intensidad con que se vive, no por su duración. En ella todo tiene su propio ritmo vital de realización. Los árboles disfrutamos de una vida larga y pausada, así es como recogemos innumerables experiencias; otras especies apenas viven días, pero es tal el propósito y la intensidad con que lo hacen que en tan breve tiempo se realizan y dan lo mejor de sí mismas y obtienen lo mejor de los demás.

Un rayo de sol se coló por el resquicio que se abría en una nube.

Hace ya mucho tiempo conocí a una madre que venía a jugar cerca de mí con su hijo. El niño, hermoso como un ángel, caminaba abrazado a su osito tallado en madera, pintado con alegres colores. Muchas tardes llegaban procedentes de una ciudad cercana, jugaban un buen rato y luego partían. El amor fluía en sus corazones. En verdad eran dichosos.

Un día, poco después del séptimo aniversario del niño, cesaron las visitas. Al principio me extrañó que no volvieran, pero pronto comprendí que algo grave les impedía venir. Los días pasaban sin noticias de ellos y yo extendía mis ramas cuanto podía para tratar de obtener alguna información, pero por más que lo intenté no conseguí percibir nada acerca de ellos.

Hasta que del bosque llegó a mí un escalofriante silencio y comprendí que algo terrible estaba sucediendo. La madre, ella sola, caminaba lentamente, el corazón desgarrado, mirándolo todo, despidiéndose de todo. Sus pasos se detuvieron junto a mí, y lloró, lloró con amargura abra-

zada a mi tronco, lágrimas que expresaban un dolor indescriptible. Supe así que su amado hijo estaba a punto de morir.

El bosque en verdad había enmudecido, incluso el viento dejó de soplar. Una avalancha de emociones surgía de su acongojado corazón y la poseía. Y todos los espíritus del bosque, testigos de su dolor, conmovidos, nos unimos para procurar consolarla.

Por fortuna, nuestra meditación comenzó a dar resultado. La mujer, agotada, se dejó caer a mis pies; su atropellado corazón se aquietó poco a poco y un ligero sentimiento de paz fue apoderándose de ella. Ciertamente el dolor no había desaparecido, pero, mitigado en parte, pudo al fin relajarse. La mujer secó sus lágrimas y en ese instante su mente captó un mensaje que la llenó de determinación.

Su hijo estaba muy enfermo —explicaba el árbol—, pero seguía vivo. Comprendió entonces que su deber como madre consistía en ayudarle a que cumpliera todos sus deseos, mientras se mantuviera con vida, y con todo su amor procurar que aprendiera cosas nuevas, que profundizara en el más completo sentimiento de realización. Su espíritu se serenó con aquella comprensión; dio gracias porque su hijo seguía con vida y emprendió el camino de regreso al hogar.

Ninguna lágrima volvió a enturbiar su mirada. Había tomado una decisión y la cumpliría. Su hijo permanecía gran parte del día acostado en su cama, y ese mismo día, armándose de valor, entró en su habitación y con una sonrisa en los labios le preguntó:

—Hijo mío, ¿qué te gustaría hacer? ¿Qué es lo que más deseas en este mundo?

Ella sabía que era una pregunta imposible, pues su hijo moriría pronto, pero antes de que así ocurriera resolvió que haría lo imposible para que él viera cumplidos sus deseos.

—Me gustaría mucho ser un guerrero, como papá —respondió el niño en su inocencia.

La madre sonrió con tristeza... y añoranza. Pero comprendía a su hijo, y le besó en la mejilla sin decir nada.

Al día siguiente —continuó el árbol— la mujer se reunió con los compañeros de su marido. Él había muerto hacía bastante tiempo y ella se había prometido que su hijo jamás seguiría los pasos de su padre, que jamás jugaría con sus armas, pero en aquellos momentos pesaba más la felicidad de su hijo que el deseo de cumplir una promesa vieja. Todo había cambiado.

Así fue como el niño pudo ser guerrero y sostener las armas de su padre. Las retuvo junto a sí y las tocaba con deleite mientras los soldados que sirvieron con él le explicaban mil batallas y le hablaban de heroísmos, de victorias y derrotas. En verdad el niño se sintió afortunado aquellos días, los más felices de su corta vida.

Y, más importante aún, la ilusión de un futuro quedó sembrada en su corazón. Y los días se sucedieron, uno tras otro, más allá de lo que cabría esperar de un cuerpo tan frágil, tan mermado.

Un aciago amanecer, pasado algún tiempo, el niño empezó a agonizar. Familiares y vecinos, apesadumbrados, se reunieron en silencio alrededor del cuerpecito. Pero la madre, que conservaba aún su determinación, pidió que se comunicara a los guerreros que su hijo se moría. Y al conocer la noticia, no sólo ellos, sino soldados de todas las regiones vecinas acudieron junto a su lecho. Lo cubrieron cuidadosamente con pieles, lo colocaron sobre varios escudos y lo sacaron fuera de la casa, y allí formaron alrededor de él.

En los labios del niño apareció una dulce sonrisa: sus sueños se habían hecho realidad. Sus últimas palabras, la última mirada de unos ojos dichosos, decían:

—Gracias, mamá.

Murió así, con la dicha reflejada en su rostro.

Al cabo de unos días —explicó el árbol, y su voz sonaba cansada—, *la madre volvió al bosque. Iba cargada con un gran bulto, y se sentó a mi lado. Con cuidado desenvolvió el paquete y miró por última vez el osito de madera que había en su interior. Lo beso y a continuación lo enterró aquí, junto a mí. Y con él sepultó también las armas con las que el niño había jugado. Luego la mujer se alejó en silencio. Su mirada mostraba una gran paz.*

Cuando el árbol concluyó el relato el sol había logrado abrirse paso entre las nubes y brillaba en un cielo libre de oscuridad.

«Ciertamente —reflexionó el joven—, la realidad última de la vida se mide por la intensidad y por el sentimiento de realización más que por la cantidad de tiempo vivido. Algunos seres vienen a este mundo por un corto espacio de tiempo, y es misión de los padres que encuentren realización. Se está triste no por la conclusión de algo, sino por el tiempo desaprovechado. Realmente la determinación es el poder que obra milagros en nuestra vida, que permite transformar todas las cosas.»

VIII

Cualquier poder acaba derrotado
por un poder mayor, que lo somete.
Y que le recuerda que el poder
es distinto a la imposición

—LAS ENSEÑANZAS DEL BOSQUE

El bosque es, en su conjunto, una entidad viva que avanza y retrocede en función de las condiciones ambientales. Bosques enteros se desplazan lentamente en busca de las mejores condiciones de vida, y lo hacen por medio de sus semillas. Miles de ellas son esparcidas por todas partes: las que caen en un entorno favorable crecen con rapidez; las que van a dar a un terreno árido o estéril se pierden. De este modo, en larguísimos periodos de tiempo, los bosques avanzan ordenadamente en dirección a la mayor abundancia de recursos, en primer lugar las especies que necesitan más luz, a continuación las que viven en las húmedas sombras.

La conciencia del bosque reúne en un todo las diversas especies que lo componen, y como organismo vivo que es cada espécimen cumple con fidelidad la misión que le ha sido asignada. La sensibilidad del bosque no tiene parangón: habitaba el paraíso terrenal, y sigue haciéndolo. Y gracias a esta cualidad de primigenia inocencia no juzgan los árboles ni pierden el tiempo analizando lo que está bien y lo que está mal. Se limitan a fluir en armonía con la corriente evolutiva del espíritu; conservan así una conciencia sensible, abierta, y una gran paz.

El bosque es el espacio sagrado donde es posible realizar el milagro de transformarnos. Es el lugar en el que nuestra individualidad se funde con el paisaje y nos sana, y es ahí donde se encuentra el remedio de las enfermedades que su ausencia provoca. Los nobles sentimientos de los árboles acogen sin condiciones a todo aquel que se acerca. Ellos se alegran con las muestras de afecto de los amantes y con los juegos de los niños, además de cobijar con su manto protector a aquellos que sufren. Velando eternamente por nuestro bienestar, en el corazón de cada bosque se encuentra el descendiente del mismísimo árbol que presidía el Edén. Permanece allí, paciente, a la espera de que reunamos el ímpetu, la determinación, la voluntad y la humildad que nos permitan recobrar aquel estado de plenitud que desde siempre nos ha pertenecido.

Cuanto más tiempo pasaba el joven junto a su amado árbol, mayor era la comprensión que desarrollaba. Día a día se empapaba de su cualidad estática, de su serenidad, y, sin dejar de ser hombre, se sentía en buena medida parte del bosque. Con cada visita, con cada meditación que realizaba su espíritu se empapaba de la serena conciencia de los habitantes de la floresta.

Aquella afinidad y la intensa unión con el árbol propiciaban, simplemente por estar cerca de él, que se sumergiera en un aura de intemporalidad. Mientras, sus enseñanzas modelaban el corazón del joven, lo sanaban y lo restauraban, eliminaban los recelos y le permitían adentrarse en aquellos misterios que sólo pueden atisbar los ojos más puros. Así es como el joven más que aprender comprendía.

Aprender no es almacenar información —le dijo el árbol en cierta ocasión—, *no es acumular una gran cantidad*

*de detalles, experiencias emocionales y datos prácticos. La
acumulación de información restringe facultades, mientras
que el aprendizaje las libera. Basa tu vida en el sutil aprender y no en el pesado acumular —repetía a menudo—. Va-
cía tu mente, no te apegues a los recuerdos, pues ellos son
las invisibles cadenas que limitan tu mente. Libérate, vive
realizando lo que hoy tengas que hacer, con espíritu abierto y lleno de aspiración.*

*No vivas en la añoranza del éxito que ya se fue, ni re-
tengas tampoco ningún dolor del pasado. Observa cómo
se suceden las estaciones, cómo el frío invierno es reem-
plazado por la benigna primavera, cómo las épocas de
abundancia suceden a las de escasez. Las cosechas, los
tiempos, las circunstancias, las personas… todo está cam-
biando permanentemente. El aprendizaje y la realización
se fundan sobre el dinamismo de una mente expectante,
abierta a lo desconocido.*

*Escucha el rumor del bosque y compréndelo. Sumerge
tus manos en las aguas del lago y percíbelas. Pero no te li-
mites a hacerlo, siente cómo tus manos forman parte del
lago.*

El joven procuraba hacer lo que el árbol le decía, aunque no entendía muy bien el porqué.

No te fatigues buscando explicaciones —le aconsejaba
el árbol—. *No encontrarás la verdad haciendo lo que
siempre haces, sino atreviéndote a realizar lo que no haces.*

Aspira la humedad de la tierra —le pedía—, *permite
que vuestros espíritus se encuentren. Siéntate en el prado y
fúndete con la vida que bulle en él.*

Poco a poco…, sin forzar —le corregía en ocasiones el
árbol.

*Procura fundirte con todo lo que te rodea, y percibe
esa unión* —lo animaba, a menudo con una voz cargada de
intensidad—, *ésa es la forma más rápida de progresar.
Únicamente así alcanzarás la verdad.*

Puede que parezcan sencillas las enseñanzas del árbol,

pero no lo eran para el joven, a quien con frecuencia le resultaba difícil comprenderlo, averiguar qué pretendía. No atinaba a comprender a qué se refería cuando hablaba de 'verdad', como tampoco comprendía el valor del adiestramiento al que lo sometía.

En cierta ocasión, cuando el joven se quedó dormido en el prado tras tratar durante una hora, inútilmente, de escuchar el latido del bosque, el árbol lo despertó súbitamente clamando:

Los árboles sólo nos acostamos cuando el hacha del leñador tala nuestras vidas.

La voz retronó en la conciencia del joven y disipó todo vestigio de somnolencia.

*Por el contrario, a los humanos os está permitido permanecer de pie, sentaros y yacer, dependiendo de vuestra finalidad —*sonaba más apaciguada la voz del árbol—. *Permanecéis en pie si vuestra intención es estar despiertos, os acostáis si deseáis dormir y os despreocupáis del cuerpo al sentaros, para de este modo concentrar vuestra atención. Si deseas profundizar en el sueño sigue echado, pero si lo que pretendes es alcanzar alguna comprensión del mundo que te rodea, siéntate con la espalda recta y relajada y deja de imaginar para comenzar a observar.*

El joven empezó a contemplar al árbol con ojos nuevos. Hasta entonces había escuchado su voz desde un estado de profunda meditación, pero en aquel momento podía oírlo incluso mientras se incorporaba apresuradamente, con el corazón galopando.

Cuando sólo miras, no estás viendo, sino clasificando. Piensas 'esto es una flor', 'ahora sopla el viento', 'allá va un insecto'. Por el contrario, observar es dejar de catalogar la vida para experimentarla tal como es, es percibirla con simplicidad, viendo, contemplando, apreciando cómo cada aspecto es parte de una totalidad mayor.

*¿Qué ves cuando contemplas un árbol? —*le preguntó, paciente.

—Veo la copa, el tronco, la corteza... —respondió el joven, sorprendido. No en vano era la primera vez que se dirigía con palabras a su viejo amigo.

¿*Qué más ves?* —insistió el árbol.

—Hojas... —contestó, con voz trémula, intentando complacer con su respuesta a su amado compañero.

Sigues clasificando, y eso me indica que realmente no estás mirando —lo reprendió cariñosamente, con infinita paciencia—. *Crees que ves, pero tan sólo recuerdas el nombre de algunas cosas.*

—No te entiendo —murmuró el joven.

Miras apresuradamente —respondió—, *y te centras en un sector. Percibes algo de color verde y recuerdas que los árboles tienen hojas, pero en realidad no las estás mirando, recuperas sólo una imagen, un recuerdo, guardada dentro de ti. Si realmente mirases te darías cuenta de un montón de detalles que ahora te pasan inadvertidos. Percibirías los matices de las sombras en las hojas, los espacios entre ellas, recorrerías todo el árbol y lo abarcarías con tu conciencia.*

A pesar de aquellas palabras, la mente del joven permanecía dispersa como las hojas caídas azotadas por un vendaval. Y cuanto más intentaba silenciar su mente, más difícil le resulta conseguirlo.

Los seres humanos poseéis la facultad de elegir. Mientras que los árboles seguimos el impulso evolutivo. No tenemos capacidad de decisión como sí la tiene la raza humana. No podemos elegir beneficiar o perjudicar a ningún ser vivo. Más bien estamos predestinados a realizar con sencillez la acción más correcta, la que está más en sintonía con el patrón natural, aquella que más beneficia a la totalidad del planeta.

El árbol guardó silencio unos instantes.

A los árboles nos rige el deseo del creador, mientras que a los humanos os dirige vuestro propio entendimiento. Cuando elegisteis actuar según vuestro entendimiento, asumisteis el hecho de que podíais cometer errores y sufrir sus consecuencias. La libertad de elegir os permite la tarea de clasificar, pero precisamente por ello experimentáis el temor a equivocaros, el miedo al fracaso, el enfado, el odio, la ira e incluso la agresividad o la violencia.

El joven se sentó junto al árbol con los ojos muy abiertos, como si tratara de percibirlo como un ser único perfectamente integrado.

La facultad de elegir os ha hecho como sois. Deseáis algo y lucháis intensamente para conseguirlo. Poco importa la intención de actuar con corrección, porque al fin los celos, la violencia o el temor a la pérdida siempre acabarán manifestándose. Son emociones humanas —afirmó el árbol—, *y sin ellas no se puede sobrevivir en un mundo creado a partir de los deseos.*

Cuando estas emociones no se comprenden —continuó—, *convierten la vida humana en un infierno.*

Durante unos instantes no se oyó la voz del árbol; tal vez porque rebuscaba en sus recuerdos.

Aunque... El infierno es tan sólo una forma de vivir. Es el sufrimiento, la condenación eterna de mantener una continuada lucha contra un enemigo que es invencible y que, por ello, siempre acaba dominando.

De nuevo aquel silencio...

La solución —dijo, al cabo— *radica en dejar de luchar para comenzar a comprender. El que luche contra sí mismo se abrasará tratando de reprimir sus pensamientos, sus deseos, la excitación, la desazón. Al ignorar que el intenso impulso a controlar es lo que alimenta con su energía aquello que más se desea vencer, se agotará en una batalla perdida de antemano. Cuando luchas contra las emociones sólo consigues que aumente su intensidad, pero si dejas de luchar para abrazar lo que más te disgusta encontrarás la paz que precisas para ver el mundo tal como es.*

Más que escuchar aquellas palabras el joven permitía que penetraran en él. «Quizá —pensaba—, para conseguir resultados no hará falta luchar y esforzarse, tal vez no será necesario un mayor autocontrol, sino aprender a actuar de un modo diferente.»

Es preciso que profundices en el conocimiento de tus emociones si deseas que la verdad entre en tu vida —las palabras del árbol llegaban cargadas de dulzura—. *No luches contra el miedo; cuando lo sientas, percibe cómo te protege de lo desconocido. Ámalo y luego agradécele su ayuda.*

Sonríe al enfado... y observa cómo te desafía a realizar lo imposible. Entiende cómo la violencia te ayuda de manera instintiva a salvarte de la violencia de los demás. De este modo transformarás el miedo en valentía, la propensión al enfado en compasión, la agresividad en paz interior. La verdad y la paz no se alcanzan luchando, sino amando y agradeciendo.

Las emociones, como hojas movidas por los vientos, agitan y desgarran la vida humana. Y serán tus eternas compañeras a pesar del dolor que puedan infligirte, así que convive en armonía con ellas, aprécialas, ámalas, respétalas, pues de este modo te corresponderán con amor y colaborarán contigo.

Tras permanecer unos instantes inmóvil, sentado como estaba, el joven empezó a desperezarse: levantó y estiró los brazos, y bostezó con ganas. Se echó entonces sobre la tierra, giró sobre sí mismo y se relajó profundamente.

Con mirada tierna el árbol observaba sus movimientos. Aunque el joven ya empezaba a ser un hombre adulto, para él aún era como un niño. ¡Y cuánto amaba a aquel niño! La savia del amor inundaba el corazón del hermoso árbol..., la fragancia del cariño se extendía insuflando la vida que sólo es vida en el amor.

El joven parecía en aquel instante más tranquilo: se había vuelto a sentar y permanecía, con las manos entrelazadas sobre su regazo, relajado, con los ojos entreabiertos y la respiración batiendo al compás de la suave brisa. La confianza y el amor recibido comenzaban a expandir poco a poco su conciencia, la abrían hasta el punto de ser capaz de abarcar en su totalidad al gran árbol en un acto de mística unidad.

Así, el árbol percibió cómo el espíritu de su discípulo se expandía con suavidad y lo acariciaba, y él lo recibió, transparente y hospitalario, acogiéndolo, protegiéndolo, ofreciéndole un saludable alivio, reposo, la satisfacción de regresar al paraíso... Y lo colmó de la inocencia del amor que no admite explicación.

¿Minutos?, ¿horas? Sería difícil de precisar cuánto tiempo pasaron juntos los dos en aquella amorosa comunión, pues en ocasiones cuenta más la intensidad del momento que el tiempo mismo vivido. Finalmente se dejó oír de nuevo la voz del árbol, que en un susurro decía:

Las personas, antes de ser personas, erais, al igual que nosotros, amor. Pero en vosotros cobró mayor fuerza el lenguaje y dejasteis de ser amor para convertiros en humanos.

La voz del árbol le hablaba al corazón, y llegaba cálida.

Hablabais lenguas diferentes, y cada cual creía que la suya era mejor que las demás. De este modo, separados por vuestra recién adquirida individualidad, poco a poco dejasteis de apreciar el mundo como un todo y os hundisteis en la diversidad que os separa y os distancia, vivisteis el sueño de creer que cada uno de vosotros era mejor que los demás. Recuerda: nadie es un elegido; todos, de algún modo, lo sois.

Las últimas palabras del árbol calaron hondo en el joven. Una fuerza etérea alcanzaba con suavidad su corazón y lo liberaba de temores y turbaciones. Sintió entonces que lo abandonaba el aliento, que su cuerpo se erguía y quedaba inmóvil y que, como si de repente se convirtiera en árbol, surgían de su ser raíces que se introducían en la tierra y lo unían a ella. Su cuerpo, sin dejar de ser su cuerpo, poseía la firmeza y la suavidad de un árbol; percibió en sí un enorme caudal de energía, que surgía de su espalda y se ramificaba por cada uno de sus poros.

Una intensa claridad inundó la mente del joven. Su sentido de identidad no quedaba confinado ya sólo en su cuerpo, abarcaba también cuanto lo rodeaba, extendiéndose hasta los cercanos y dormidos árboles. Las montañas, el cristalino fluir de la luna llena, el azul oscuro del lago..., todo era parte de él y él era parte de todo. Nada era más importante que él, ni él tampoco era más importante que nada.

Poco a poco abrió los ojos y contempló cómo las raíces de los árboles, de los arbustos y de las hierbas se entrelazaban y unían bajo la leve transparencia de la tierra, y trazaban, extendiéndose por doquier, una estrecha red energética que vibraba en dorada luz y se elevaba, ascendía cual nutritiva savia, y se transformaba al contacto de la luz recibida a través de las hojas. El bosque era luz, las piedras eran luz..., las montañas, el cielo y el lago eran vibrante luz dorada que manaba sin cesar del centro de su corazón. Todo era luz.

Y un deseo se conformó en la silenciosa conciencia del muchacho: abarcar el universo entero.

Así fue cómo su conciencia se expandió más allá de los confines del bosque. Contempló la amenazadora ciudad, sus gentes, las calles, los edificios que vibraban en luz y, elevándose, su espíritu alcanzó toda la región, el país, el continente, el planeta..., el universo entero. Lo vio como un inmenso huevo suspendido en el espacio que vibraba en una cálida luz dorada; todo ello formaba parte de él y él estaba presente en todo.

Y el preciado néctar del amor destiló una gota de eternidad.

Lleno de determinación, el joven traspasó el umbral del corazón. Maravillado, percibió cómo la inmortal llama de lo sublime lo acogía con la simple bienaventuranza de la verdad. Distinguió en el amor el suave y dulce bálsamo que resuelve todas las dudas. Y sintió el latir de la sublime omnipresencia, el inmarcesible poder que trasciende su propia creación.

Lo infinito se instauró en su corazón, y en un instante comprendió el valor de lo andado y vislumbró el eterno camino que aún le quedaba por recorrer.

En un instante el aliento volvió a los pulmones del joven y, desilusionado, se dio cuenta de que aquella percepción sin límites había desaparecido, que su espíritu volvía a quedar confinado a los límites de su cuerpo. Su amado árbol estaba frente a él y lo observaba; sus doradas ramas resplandecían, reverenciándolo, amando lo sagrado de su visión.

El joven se levantó despacio, se acercó respetuosamente y apoyó su alta y amplia frente en el magnífico tronco. Unas lágrimas de gratitud se deslizaron por sus sonrosadas mejillas y fueron a caer a los pies del gran árbol… Desde lo alto llovieron unas flores; caían con delicadeza, girando, formando gráciles espirales en el aire, para posarse a los pies del joven.

Los árboles evocan en nosotros el recuerdo de un mundo inocente y armónico, profundo y sosegado, en el que todavía es posible el amor.

IX

Vivimos en un mundo ilusorio,
pues creemos que los demás
deben amoldarse a nuestras expectativas.
Debido a este error del intelecto
nos decepcionamos y enfadamos
cuando los demás no son ni se comportan
como nos gustaría que hicieran.
El problema es siempre nuestro.
La cuestión es que no nos conocemos.
Y si no nos conocemos,
si ignoramos cuáles son nuestras necesidades,
el porqué de ellas,
no podremos conocer ni amar a nadie.
Conoce ante todo de dónde proceden tus
     motivaciones y
necesidades y así evitarás juzgar bien o mal a
     nadie.

—EL JOVEN QUE HABLABA CON LOS ÁRBOLES

Cuando el género humano se distanció del instinto animal para adentrarse en lo social, comenzó en él un nuevo proceso evolutivo en el que la prioritaria necesidad de cazar, presente en todas las especies, disminuyó a favor de un creciente anhelo de amor.

* * *

Tras el último encuentro con el árbol el joven se había transformado. Tal vez era el mismo por fuera, pero su interior, su forma de actuar, su mirada curiosa e imperiosa y aun su rápido andar estaban impregnados de un supremo bienestar, de una gran paz. Aquella experiencia, aunque inexplicable en palabras, había calado hondo en su corazón, le había despertado emociones muy escondidas, que lo habían transformado y llenado de alegría y valor.

Al contemplar su alma reflejada en la naturaleza, sabedor además de que nada en la vida se detenía ni jamás se detendrá, el joven escuchaba, comprendía y asimilaba cada una de las enseñanzas del árbol con espíritu renovado... Y lo hacía soltándose, vaciándose, dejándose fluir, deslizándose con ligereza por la corriente del amor.

Entonces y sólo entonces el gran árbol empezó a impartirle las enseñanzas acerca de la naturaleza del amor.

Los árboles crecemos lentamente —le explicó una soleada mañana de primavera—, *y más demora un bosque en formarse y desarrollarse. Del mismo modo, también es preciso largo tiempo para alcanzar el amor. Un bosque es un bosque gracias a la presencia de muchos árboles, de muchos animales, de un suelo suficientemente fértil. Es una multitud de factores que conviven y participan juntos en una misma experiencia de vida. Observa* —le pidió el árbol—, *como todos, sin que importen nuestro tamaño ni nuestras características, somos igualmente importantes. ¿Cómo nos reproduciríamos si no existieran las pequeñas mariposas y otros insectos que esparcen nuestro polen? ¿Qué haríamos sin las inquietas lombrices, que remueven la tierra debajo de nuestros pies? Comprueba cómo los pequeños arbustos encuentran su lugar bajo los grandes árboles, cómo de las hierbas surgen flores que producirán semillas, que se esparcirán por todas partes... Entiéndelo como la consecución de un propósito: el bosque es la suma de la intención de muchos. Y esto no sería posible si no existiera el amor.*

«¡Con cuánta verdad se expresa el árbol! —pensaba el joven—. Así es de distinta la vida junto a uno de estos grandes seres. En la ciudad todos luchan por demostrar que son mejores que los demás, todos pretenden ser más importantes que los demás. Allí gobierna el egoísmo; en el bosque, el amor.»

Mientras aprendías a andar tuviste que caer muchas veces —explicaba con sencillez el árbol—. Si entonces no te hubieras levantado, una y otra vez, hoy no sabrías andar y seguirías gateando, arrastrándote por el suelo, como hacías cuando apenas eras un niño. Por mucho que cayeras, no te rendías ni perdías el ánimo; aún no sufrías por el fracaso. Volvías a levantarte una y otra vez, y no te importaba cuánto tardaras en conseguirlo, siempre volvías a intentarlo. La repetición de pequeños intentos logra grandes éxitos. Los humanos sufrís cuando erráis porque el error os enfrenta al paraíso imaginario de perfección que habéis creado, porque os recuerda que sois de condición humana y que, al igual que nosotros, formáis parte de un planeta en el que nadie es ni será nunca mejor que los demás. Sin amor no se posee la humildad necesaria para volver a comenzar.

Vivir significa aprender a amar, y en ese aprendizaje, como todo en el mundo, a veces caes, a veces te levantas, pero siempre debes avanzar.

Era una mañana nueva, una mañana clara que permitía contemplar la hermosura prodigiosa del lugar. El cielo azul, la omnipresencia del verde en montes y valles, la serenidad del lago, en cuyas orillas latían pequeños pueblos, vistosas manchas de color... En verdad había llegado la primavera y con ella, un nuevo despertar.

El espíritu del joven surgía también, lentamente, del largo sueño. Empezaba a comprender, a despejar incógnitas, a profundizar en la experiencia del amor.

Todos los días el animal debe buscar el necesario alimento que le permita mantener su cuerpo en funciona-

miento. Los humanos, además del alimento para vuestro organismo, precisáis nutrir el espíritu con cariño, con afecto, con el amor de los demás. Así es cómo el amor de uno debe alimentar el espíritu del otro, fluyendo de corazón a corazón. El amor es el alimento del espíritu.

Se tarda mucho tiempo en descubrir esta verdad; mucho más tiempo en comprenderla, y aún muchísimo más en actuar según ella.

El joven pensó que ciertamente el anciano árbol había alimentado su corazón. Recordó aquellos días de su infancia en que trataba de alcanzar las ramas más altas. Recordó asimismo el día en que el árbol le habló por primera vez... ¡Con cuánta paciencia lo había acompañado en su búsqueda!

El árbol interrumpió aquellos ensueños con sus palabras:

La vida tiene una cara dulce, amorosa, y otra cruel.

La imponente voz perturbó las dulces evocaciones del joven, que miró con extrañeza, sin comprenderlo, al árbol.

El poder que guía la vida es muy extraño. La fuerza de la vida es amorosa, pero también imprevisible, pavorosa, terriblemente cruel. El rostro delicado del amor te susurra que debes cultivar la ternura, la adhesión, la amistad que necesitas de los demás. Te sugiere que una palabra o una caricia puede saciar el corazón de tu semejante, y que el tuyo también quedará saciado por el cariño que los demás te ofrezcan. Pero su rostro cruel te muestra que hay que matar para poder vivir; te convierte en asesino, te obliga a consumir otros seres para mantener el tuyo, te repite una y otra vez que vives gracias al sacrificio, a la inmolación de otras vidas. Este gran poder murmura a tus oídos que, hagas lo que hagas, tu cuerpo acabará siendo un presente, un regalo para aquel otro ser que precisa devorarte para mantener con tu cuerpo su vida.

En el bosque, ni aun en el mundo, nada ni nadie desaparece, todo se transforma, se recicla y es útil para el pro-

pósito de la vida. *Te alimentas de plantas, frutas o animales, pero luego devolverás el favor y te convertirás finalmente en manjar y sostén para otros. Fertilizarás el suelo con tu cuerpo, y alimento serás para las criaturas que lo pueblan.*

—Es terrible lo que dices —se quejó el joven con timidez, mientras un escalofrío le recorría la espalda—, nunca he matado a ningún animal.

Qué importa si matas o compras la matanza de los demás, todo cuanto comes —frutas, vegetales o animales— es tan sólo vida que llega a su fin. Existes gracias a la muerte de otros, vives gracias al amor de los demás.

Al joven no le gustaron las palabras del árbol. Se sentía turbado, pues nunca antes había pensado que su alimento eran, o habían sido, seres vivos. Nunca se había planteado que él, a su vez, se convertiría al fin en manjar para otros. Pensaba que se trataba sólo de comida, algo que necesitaba y obtenía, sin preocuparse por su procedencia.

Le dolía profundamente aquel desencuentro con el árbol. Se levantó y dio unos pasos. Se sentía mareado, las últimas palabras del árbol lo habían quebrantado. Se veía a sí mismo comiendo sin la menor preocupación, a veces incluso en exceso, sin reparar en qué comía, preocupado sólo por su sabor y su textura, nunca por el sacrificio que aquel alimento suponía para otros seres.

Serénate —sonó al fin la voz del árbol—. *No eres culpable ante mí ni ante nadie. Por una u otra razón todo debe transformarse. El pasado nos impulsa a todos..., a vosotros, a nosotros. Y del mismo modo nos aguarda el futuro un instante después. Todo cambia rápida y constantemente. No te sientas tan importante y agradece cuanto tienes, reconoce su función, y da siempre gracias por el alimento que recibes. Al obrar así comulgarás con el poder que anima las cosas.*

El joven sentía la necesidad de andar para poner en

claro sus ideas. «¿Cómo es posible que exista una fuerza con dos caras tan opuestas? —se preguntaba—. ¿Cómo es posible convivir con ambas?» Una era luminosa, la otra, tenebrosa y horrible. Necesitaba tiempo para reflexionar. Después de haber alcanzado el cielo, se precipitaba en aquellos instantes en el infierno.

Respetuoso, el árbol guardaba silencio. El joven se alejó, sumido en sus pensamientos; paseó por el camino que circundaba el bosque y finalmente se sentó en lo alto de una roca. En verdad estaba confundido: pensaba que el árbol tenía razón, y que era horrible el sufrimiento y la inmolación que vivir suponía..., porque... aunque decidiera alimentarse sólo de frutas, siempre supondría que arrancaba la vida de algún árbol, que hiciera lo que hiciera incluso el más pequeño vegetal moriría para que él viviera. Estaba apesadumbrado.

En el valle cercano unas vacas pacían tascando la hierba con pereza. Al verlas se imaginó a sí mismo comiendo un sabroso bistec. Comenzaba a obsesionarse. Cerró los ojos, fatigado, y se dejó vencer por el sueño. Fueron unos instantes, quizás un minuto... una hora..., hasta que despertó perturbado, asustado, sudando, pues en su sueño las vacas lo devoraban; una le arrancaba una pierna, otra le mordía el cuello... El muchacho se levantó, temblando, con los nervios en punta, destrozado. Saltó desde lo alto de la roca y cayó bruscamente al suelo; el corazón le latía a un ritmo exagerado. Se sentía disociado en lo más profundo de sí mismo, atrapado en una situación estúpida.

Empezó a caminar sin rumbo fijo, y su andar vacilante era un reflejo de la confusión que reinaba en su mente. Cuando el sol llegó a su cenit el joven decidió volver junto al árbol.

Le tomó bastante tiempo llegar, y una vez allí permaneció en silencio; se sentía apenado y no se le ocurría nada que decir. Por su parte el árbol parecía ausente, distante, sumido en su propio mundo. El joven se sentó, en actitud pensativa, hasta que el árbol, por fin, interrumpió sus pensamientos:

Aprender sobre el amor no es tan fácil como crees. No bastan las palabras, es necesario también experimentar el desamor para reconocer el amor. A muchos, la enemistad, las desavenencias, las frecuentes rupturas les hacen dudar, son como zancadillas que les hacen caer..., y no acaban de levantarse, durante años se dedican a gatear. Pero otros son capaces de levantarse una y otra vez, y se atreven a buscar, a experimentar, y son éstos los que al final encuentran el amor. Tanto en el amar como en el vivir lo que cuenta es el actuar, no el pensar.

Quienes piensan demasiado difícilmente tomarán una decisión —decía con voz suave el árbol—. *La indecisión es el tumor que devora la energía, que acaba con la vitalidad. Por supuesto, la duda y el inútil cavilar pueden convertirse en seguridad y acción, siempre que medie una clara determinación y se pongan en práctica las ideas. Recuerda: se aprende sólo después de hacer, no antes. Por esta razón, ante la duda siempre es preferible actuar.*

Hubo unos instantes de silencio en el prado. Una vez más, el árbol concedía un respiro al joven para que asimilara sus palabras.

La vida tiene un aspecto cruel y otro armonioso —continuó al poco—. *Mantén siempre una actitud ecuánime. Antes de comer da las gracias por el alimento recibido. Observa que ninguno de los animales que llamáis salvajes mata por placer, y cómo así evitan trastornar el orden de la naturaleza. Compórtate del mismo modo: pide perdón al espíritu del árbol cuya rama debes cortar, cuya fruta quieres recolectar. Obrando de este modo, con respeto, sanarás su inevitable dolor con la energía de tu amor.*

Pensar, analizar, puede unir o separar. Tal vez el pensamiento te diga que esto está bien y lo otro mal, que éstos son los buenos y aquéllos los infames, pero también te dirá que todos somos hermanos. La capacidad de decidir tal

vez te haga intolerante, tal vez comprensivo, todo depen-
derá de cómo la uses, si la fundamentas en la desconfianza
o en el amor. Elige siempre el camino del menor dolor, si-
gue el camino del mayor amor.

El joven se acomodó en el suelo. Empezaba a recuperar serenidad y perspectiva. Las palabras del árbol, sabias
como siempre, lo reconfortaban.

Sucedió hace mucho tiempo, en un pueblo, en la otra
orilla del lago. Un docto profesor fue destinado allí, junto
con su esposa, para que dirigiera la nueva escuela. Era un
hombre culto, educado y metódico, que desde el primer
día decidió que haría las cosas bien. Enseñaba con preci-
sión a sus alumnos los secretos de la ortografía, de los nú-
meros y de las ciencias. Exigía con firmeza las más altas
calificaciones, y se enfadaba mucho y castigaba a quienes,
desafiándolo, no estaban a la altura de su esmerado nivel
de perfección.

Se sentía casi satisfecho, pues su sistema de enseñanza
daba buenos resultados. Los niños estudiaban y obtenían
buenas notas, y se sentía orgulloso por ello. Aunque, a de-
cir verdad, no todos eran así. Había uno en particular, un
mequetrefe vago y distraído, un auténtico haragán, que
siempre llegaba tarde e, invariablemente, se dormía en cla-
se. Por supuesto, acostumbraba a suspender.

El maestro se preguntaba qué podía hacer con él, qué
castigo imponerle para conseguir que cambiara. «Si no
fuera por este crío estúpido —pensaba— mi éxito sería
completo.»

Al inicio de la primavera todo el colegio salió de ex-
cursión. Llegaron a esta orilla del lago en un gran bote y
pronto el jubiloso griterío de los niños recorrió el bosque,
llenó el valle y alcanzó casi las lejanas montañas. Los niños
corrían, jugaban y se divertían de mil ingeniosas maneras.
Todos eran felices…, bueno, no todos. Había uno que ha-
bía sido castigado a permanecer con la cara vuelta hacia mi
tronco, y apenas se atrevía a mirar a sus compañeros.

—*Te quedarás así, castigado, hasta que aprendas* —*lo reprendió el severo maestro.*

Los ojos del niño se iban tras la pelota de sus compañeros y, sin darse cuenta, por momentos se alejaba del lugar del castigo, mirando de reojo por temor a ser descubierto, para de inmediato volver junto a mí.

Podía sentir su corazón entristecido, cómo se mordía la lengua y apretaba los labios, cómo sufría.

—*Tienes que aprender a hacer las cosas bien* —*lo sermoneó el maestro*—. *No puede ser que no estudies y te duermas en clase. Ya sé qué castigo precisas* —*lo amenazó*— *para hacer que cambies.*

Así pasó el día el chiquillo, castigado, alejado de los demás como casi siempre. A media tarde, triste y agotado, con la sensación de que con él se cometía una injusticia, decidió no aguantar más y aprovechó un descuido para escapar. Nadie lo vio partir, nadie lo echó de menos.

Se internó en el bosque, lejos de los caminos marcados, y se abrió paso entre la maleza, resbalando, hiriéndose la piel. Sus pequeños pies se hundían en la hojarasca húmeda en un andar sin pausa que lo conducía, sin él saberlo, a un acantilado.

Cuando el sol empezaba a posarse, el maestro empezó a reunir a los escolares. Sólo entonces descubrió que le faltaba uno.

«Siempre igual —*pensó*—, *no podía ser otro que el mismo estúpido muchacho.» Estaba harto de él, ciertamente era la imperfección que mancillaba su trabajo.*

Lo buscaron, pero fue inútil. Cuando la oscuridad cubrió con su manto la inmensidad del bosque, la negrura de la incertidumbre alcanzó el corazón de todos. Los demás niños habían vuelto ya con sus familias, mientras un grupo de padres y otros maestros recorrían el bosque gritando, escudriñando cada palmo de terreno. A pesar de sus esfuerzos, no lo encontraron.

A medianoche todos temían lo peor. Angustiados, lle-

garon al acantilado y se asomaron tanto como la prudencia aconsejaba para intentar descubrir al niño en la oscuridad. Coros de voces gritaban su nombre desde lo alto y, a continuación, guardaban silencio para esperar una respuesta. En vano. Nada se oía, salvo el graznido de las aves de la noche, tan oscura como el alma del estricto maestro. Pasaron las horas y una oración irrumpió en medio del silencio.

Algunos barqueros, al pie del acantilado, escudriñaban aguas y rocas armados con luces.

—Le dije que no se moviera de allí —se excusaba el profesor—, pero es un niño muy problemático, no hace caso a nadie y siempre está holgazaneando. Es el peor de mi clase.

Mientras, el pequeño, asustado por las extravagantes y oscuras formas de la noche, perdido y agotado, pues había andado mucho más allá del lindar del bosque, se había ocultado en un pajar. Con el cuerpo protegido con paja, tiritaba no obstante de frío y miedo.

Al despuntar el día un campesino halló al niño, encogido, perdido en su pequeñez, con los ojos enrojecidos y el rostro helado.

—Quiero ir a mi casa —suplicaba, asustado.

El hombre envolvió al muchacho con su abrigo, luego lo tomó en brazos y se encaminó hacia el pueblo. La voz de que el muchacho estaba a salvo corrió como un reguero de pólvora por todo el bosque.

El profesor estaba nervioso, y también enfadado. «Este chico siempre da problemas; desobedece, se duerme y no estudia. Debería echarlo de la escuela», pensaba.

Tan pronto supo que lo habían encontrado, se dirigió a su casa, una humilde morada en las afueras del pueblo. Llamó a la puerta al llegar, pero nadie abrió. «¿Le habrá ocurrido algo malo?», se preguntó.

Del porche de la casa vecina le llegó una voz:

—La han llevado a morir al hospital —gritó una mujer—, estaba muy enferma la anciana.

—¿De quién me habla? —preguntó, sorprendido, el maestro.

—De la abuela que vivía con el huérfano —respondió la vecina—. Suerte tuvo de su nieto. Llegaba de la escuela corriendo y buenamente hacía lo que podía: iba a buscar comida, la cuidaba, la ayudaba a limpiarse e incluso, por la noche, se le oía murmurar canciones. No sé qué hubiera sido de ella, viuda como era, sin la ayuda de su amado nieto.

Durante un segundo prendió en la mente del profesor la chispa que derritió su helado corazón. Comprendió, por fin, por qué el chico no estudiaba y por qué se dormía en clase, la dejadez en el vestir y el abandono de su figura. Y tomó una decisión.

Al llegar a casa habló con su esposa. Le contó la historia del bondadoso niño, de los castigos que le imponía por su falta de atención. Y le recordó el deseo frustrado de los dos por tener un hijo y de cómo en aquel momento se les abría la posibilidad de adoptar uno. Las lágrimas caían por las mejillas del inflexible maestro; su voz entrecortada pugnaba por expresarse, prisionera de un dolor indescriptible. Su esposa, desconcertada, lo escuchaba en silencio y asentía con un leve movimiento de cabeza.

Afuera, en la calle, había comenzado a llover y el agua golpeaba los tejados con un ruido atronador.

La anciana murió aquella misma noche, y el rígido maestro recorrió el largo camino que conducía al hospital. Empapado, con el pelo y las ropas chorreando, subió las escaleras hasta la entrada. Una enfermera lo atendió y le indicó la habitación en la que se encontraba el niño. El aire olía a desinfectante.

El niño se asustó e intentó esconderse cuando vio que aparecía por la puerta su maestro.

—No temas —le tranquilizó él—, no vengo a reprenderte, sino a pedirte que me perdones. Creía que hacía bien cuando en realidad perjudicaba a otros niños como tú.

Perdóname en nombre de todos ellos y deja que te agradezca lo mucho que de ti he aprendido.

El niño permanecía callado, atemorizado, sin atreverse a decir nada. Entonces el abatido maestro se sentó en la cama recién hecha.

—Se han llevado a la abuelita —balbuceó al fin el pequeño—, y dicen que no volverá.

El niño se puso a llorar. Y el maestro procuró consolarlo.

—Ya que tu abuela no volverá, a mi esposa y a mí nos encantaría que aceptaras vivir en nuestra casa, como uno más. ¿Te gustaría vivir con nosotros? Prometo no castigarte nunca más.

Los dos se miraron en silencio, ambos tenían dificultades para mantener los ojos abiertos. Abundantes lágrimas manaban de sus ojos. El adulto se había hecho niño. El tiempo transcurría despacio. Al fin el maestro abrió pausadamente los brazos y el pequeño se refugió en ellos.

El maestro y su esposa adoptaron al niño. Tratado con amor, sus notas escolares fueron mejorando, y llegó a entrar en la universidad. Se graduó en magisterio y llegó el día, con los años, que ocupó la plaza que dejó libre su padre adoptivo al jubilarse. Nunca más volvieron a hablar de lo sucedido durante aquella noche.

Pasó el tiempo, y muchos años después vi que venían hacia mí. El maestro era ya un anciano y caminaba apoyado en el brazo de su antiguo alumno. Se sentaron cerca de aquí. Supe entonces que el viejo maestro había enviudado y que el joven se había casado.

Hablaron de mil cosas diferentes, hasta que entre ambos se hizo el silencio. Un recuerdo, un pensamiento común emergió del fondo de su memoria. La evocación de aquella terrible noche cruzó como un rayo la mente de los dos. Se miraron, sin atreverse a hablar. Pasados unos minutos el joven cogió con respeto la mano del anciano y le dijo:

—Deja que te llame padre, y que te agradezca lo mucho que hiciste por mí. Has sido el mejor padre que jamás hubiera soñado.

—Gracias a ti, hijo mío —respondió con humildad el anciano maestro—, por enseñarme lo que era el amor. Quise aprender muchas cosas, pero sólo por una valió la pena vivir. Tú me la enseñaste: gracias por permitir que descubriera el amor.

Mientras se alejaban, camino de casa, sus auras brillaban con los dorados colores del amor.

Los dogmáticos y los fanáticos —explicó el árbol para concluir su relato— *son personas muy activas. No piensan, no tienen dudas, dicen poseer la verdad y creen poseer la forma de imponerla a los demás. Casi nunca descansan, y con la tiranía de su misión destruyen la vida de los demás. Dicen conocer la verdad, pero ignoran que sin amor no existe la tal verdad.*

X

Son las cimas de las montañas
sagrados recintos entre cielo y tierra.
Por ellas la energía de la tierra sube al cielo.
Concierne su poder a los espíritus de los dioses
que en ellas moran.
En grutas, en impenetrables bosques,
permanece oculta la misericordiosa diosa,
oculta —Nigra Sum es su nombre.
Ella esconde de la realización el secreto
de la obra santísima,
   de la magnificencia del amor.
Es a ella a quien el sabio dirige su llamado.

—LAS ENSEÑANZAS DEL BOSQUE

Todos los seres que habitamos este mundo percibimos, a través de nuestros sentidos, todo cuanto necesitamos para asegurar nuestra supervivencia. Asimismo advertimos, de un modo confuso, algo más, la presencia de una fuerza más sutil subyacente en cuanto nos rodea y que denominamos espíritu.

Los animales, conscientes de esta presencia invisible, intuyen en qué momento está a punto de manifestarse. Resulta asombroso el repentino y absoluto silencio que se hace en el bosque en los momentos previos a un temblor de tierra. Los agudos sentidos de los animales, resultado de una existencia en interacción con la naturaleza, les permiten presentir con suficiente antelación la renovación de la vida que se manifiesta a través de lo que nosotros denominamos catástrofes naturales y, de este modo, aseguran su supervivencia.

El ser humano consigue reencontrar su lugar en armonía con la naturaleza cuando se aleja de la tenebrosa ciudad y pasea relajadamente por los húmedos bosques, cuando asciende a las montañas o rema por los tranquilos lagos, pues entonces es capaz de observar, de respirar en paz la suave brisa, de impregnarse del ritmo, el orden y la cadencia del paisaje... Se embebe de la tranquilidad que emana de lo espiritual, se empapa de lo divino que reside en las montañas, en las fuentes, en los ríos y los prados, y edifica su vida en armonía, respeto y comunión con la madre naturaleza.

Es esta respetuosa conducta hacia el entorno, esta adhesión al espíritu que reside en todas las cosas, en todos los seres, el motor que permite desarrollar un conocimiento intuitivo imposible de alcanzar por medio del frío análisis o de la lógica. Esta toma de conciencia —un determinado modo de vida y una atenta y relajada observación de la naturaleza— tiene como consecuencia más inmediata la progresiva expansión de nuestros limitados sentidos y la apertura hacia una nueva y más amplia perspectiva en la que no sólo se siente, sino que ante todo se es.

El joven, seguro, afianzado en sí mismo, sin un instante de tregua, urdía lentamente los hilos de su transformación. El mensaje del árbol se hundía en su mente, lo alcanzaba en su corazón desnudo y lo transformaba, lo llenaba de silencio y paz. A veces le bastaba descansar sobre una roca o dirigir la mirada al azul lago para percibir indicios, susurros de un mundo nuevo. Una intensa atención consciente le permitía fluir, extenderse más y más, sin límites, siempre hacia el infinito.

¿Qué crees que es el amor? —le preguntó en una ocasión el árbol.

Los labios del joven dibujaron una leve sonrisa mientras buscaba en su interior qué contestar.

No, no trates de pensar en una respuesta, no me des una respuesta —le pidió—. *Deja la mente en silencio y siente la respuesta dentro de ti. El amor no son palabras, sino una experiencia que tal vez sientas, tal vez no.*

Había anochecido y una misteriosa media luna, en lo alto, se abría paso entre las dispersas estrellas, destilando su plateado elixir. Una creciente sensación de serenidad se apoderó del joven, que, en silencio, sin resistirse, abrió su corazón al anciano árbol.

La mayoría de los problemas humanos —continuó— *son tan sólo intelectuales. Tendéis a preguntaros quiénes sois, quién es ese otro, y buscáis una respuesta, una idea, una imagen, una religión con la cual identificaros, algo en que aferraros, una persona, un grupo que os dé un sentido de pertenencia. Ignoráis que el intelecto nunca da una única respuesta duradera a este tipo de preguntas, las da provisionales, y la mayoría de las veces caducan en poco tiempo. Los humanos no precisáis de más palabras, sino de la respuesta que surge de la realización que llega a través de la experiencia.*

Escúchate. Mírate. Cuando descubres algo por ti mismo, queda para siempre contigo. Es algo vivo que ya forma parte de ti.

Las palabras del árbol hallaron hueco en el interior del joven, se condensaban en su plexo solar, justo allí donde late el corazón, y despejaban dudas, modelaban su espíritu.

¿La preocupación por el otro es amor? —preguntó de nuevo el árbol—. *¿Es la pasión el amor? ¿Crees que realmente eso es el amor?*

Guardó silencio una vez más; parecía sumido en la búsqueda de respuestas. Mientras, el joven se recostaba con respeto contra el tronco y se relajaba.

El amor no puede ser una emoción, un sentimiento,

aunque se exprese por medio de las emociones. El odio, la rabia o el rencor, evidentemente, no son amor, aunque también se manifiesten por medio de las emociones. ¿Son los celos el amor? ¿Es la posesión el amor..? ¿Qué es en verdad el amor?

Parecía que el tiempo discurría con lentitud bajo las ramas del gran árbol, y aquellos instantes de quietud eran una invitación a la reflexión.

Las relaciones entre las personas tienden a ser conflictivas. —Había un tono de tristeza en aquellas palabras—. *Los hombres tienen problemas con las mujeres; las mujeres, con los hombres; los hombres compiten y desconfían de otros hombres, y las mujeres recelan de otras mujeres. No hay confianza entre las gentes, ya no os queda tiempo para la amistad ni espacio para el amor. Se confunde el amor con la posesión; se quiere al otro y se desea poseerlo con halagos, con favores y aun, a veces, con brutalidad. Se quiere al otro, pero en pocas ocasiones se lo ama.*

El joven escuchaba embelesado; de vez en cuando asentía con un movimiento de cabeza.

Y toda esta confusión —prosiguió el árbol— *surge de la imaginación. Tendéis a imponer vuestra fantasía al natural proceder. No sois realistas. Pensáis que el otro tiene que ser de una determinada manera, poseer ciertas cualidades, tener un cuerpo especial. Lo idealizáis tanto, proyectáis de tal modo vuestros deseos sobre los demás que os resulta muy difícil encontrar a alguien apto, pues vais tras de un ideal. En verdad ésta es la causa de mucha tristeza y sufrimiento.*

Y si vives acompañado, no sucumbas a la tentadora ilusión de que tu pareja encaje fielmente en tu patrón. Porque si tratas de cambiarlo significará que no lo aceptas como es, que no lo respetas. No reconoces sus valores, y del mismo modo los tuyos no serán reconocidos. En la lucha por cambiar a la pareja dejas de amar. Olvidas que el amor exige la mutua aceptación, el respeto, la gratitud y el perdón. El amor está presente cuando eres capaz de perdonar, de volver a empezar.

El anciano árbol y el joven humano guardaron silencio un buen rato. Al fin, el árbol empezó a narrar otra de sus hermosas vivencias.

Sucedió una vez, no hace mucho tiempo, que un hombre soltero vino a pasear por aquí. Acaba de adquirir un viejo libro en un puesto del mercado dominical y se sentó bajo mi sombra a leerlo. Parecía un libro interesante, pues trataba el tema del amor; impreso con un tipo de letra muy elegante, estaba forrado con un bonito papel de color anaranjado. Precisamente había sido aquel detalle lo que más le había llamado la atención de él. «Que un libro esté forrado te dice que su antiguo propietario lo quiso cuidar y guardar», pensó el hombre antes de adquirirlo. De modo que se puso a leer con interés las historias que en él se narraban, los consejos y las indicaciones que daba, por si aprendía algo nuevo.

Y en ésas estaba, en plena lectura, cuando al pasar una página descubrió un pequeño comentario, escrito a mano, con letra apretada y medio borrado por el paso del tiempo, en el margen derecho. Quizá lo movió la curiosidad, o un impulso, una intuición, el caso es que casi sin darse cuenta movió el libro y se dispuso a leer la anotación.

«Los amigos son como ángeles que nos elevan cuando nuestras alas son incapaces de recordar cómo volar.»

El hombre esbozó una amplia sonrisa. «Muy sugerente», pensó, y siguió leyendo el texto impreso. Pero cuál no sería su sorpresa cuando descubrió en la página siguiente una nueva anotación, esta vez a pie de página, que rezaba:

«¿Estás dispuesto a amarme o sólo te interesa conquistarme, atarme a ti.»

«En el amor los problemas se multiplican cuando dejas de interesarte por el amor y te preocupas más por los sentimientos que la otra persona alberga por ti.»

Sorprendido, el hombre pasó con rapidez las páginas siguientes y descubrió que en casi todas ellas había una frase, un pensamiento, un comentario.

«Antes de que sigas leyendo debo pedirte que seas íntegro en cada instante de nuestra relación, pues el amor no puede crecer en una tierra abonada con hipocresía y falsedad.»

«Si decides que deseas conocer mi amor sigue leyendo.»

Una pluralidad de sentimientos bullía en el interior de aquel hombre y lo incitaba a continuar, a examinar con avidez cada página. «¿Quién habrá escrito esto», se preguntó.

«No te atrevas a juzgar el amor, no etiquetes la pasión; te equivocarías. El amor es sólo amor.»

Movió ligeramente la cabeza, humedeció la yema del dedo índice y pasó algunas hojas.

«Lo que hay de malo en la mayoría de las decisiones es que no se han tomado antes. ¿Podrás amarme del mismo modo en que yo amo?»

Un poco más adelante volvía a leer:

«Únicamente si te enfrentas al miedo y te liberas de él serás libre para disfrutar del amor.»

El hombre levantó la cabeza, sorprendido, y dirigió la mirada a la lejanía. Se sentía confundido, intrigado. Al-

guien desconocido le había dejado un legado de pensamientos, le aconsejaba y lo invitaba a vivir de un modo diferente. Había meditado con cierta frecuencia acerca de ideas parecidas, y había sentido con intensidad el deseo de compartirlas con la ansiada pareja, pero luego acaba siempre resignándose, asumiendo el sino de una relación superficial con sus amistades que determinaba como única opción posible ocultar los sentimientos. Con el corazón agobiado por la tristeza y por la necesidad de una vida distinta, acababa siempre refugiándose en los libros. Comprendía ahora, con todo, que no estaba solo, que había alguien en algún lugar que pensaba como él. «¡Cómo me gustaría conocerla!», pensó.

«No se trata de dejar que el tiempo pase, sino de vivirlo bien.»

«El placer es la realización del amor.»

Y en otra página, en una esquina, leyó:

«Nos acercamos al amor cuando observamos y no juzgamos, no interpretamos ni valoramos. Mientras haya enfrentamiento no habrá amor.»

El libro estaba lleno de pequeñas —a veces minúsculas— anotaciones, y la mayoría hacían referencia al amor, aunque también las había que hablaban de la vida, del modo más idóneo de vivirla.

Saturado de sentimientos, con el corazón agobiado por la soledad, llegó a la última página. Allí leyó:

«¿Hay acaso un adiós definitivo?»

«Angie.»

Un ardiente fuego vivo, una atractiva y poderosa ansia encendió su apagado corazón. «Así que este es el nom-

bre de la desconocida...», se dijo. «Si tiene nombre, es muy probable que pueda encontrarla.»

Se levantó y emprendió el camino de regreso a su ciudad. Llevado por su fantasía, imaginaba a una hermosa joven reclinada sobre el escritorio de su habitación, a la cálida luz de una candela, escribiendo para él, en la intimidad de la noche, sus más íntimos pensamientos, abriéndole las puertas de su corazón.

Creo —explicó el árbol— que en aquel preciso momento comenzó a enamorarse de ella y a llenar sus sueños. «¡Cómo deseo conocerla!», se decía. Pero ni el librero que le vendió el libro ni ninguna otra persona supieron darle razón de «Angie». «Quizá sea un seudónimo», pensó, porque en verdad parecía que no hubiera nadie con aquel nombre.

Un día, mientras releía algunas de las anotaciones, se le ocurrió quitar el forro que protegía las cubiertas, pues la verdad era que estaban bastante viejas. ¡Y cuál sería su alegría cuando descubrió, en una esquina, oculto bajo el anaranjado papel, una leyenda: el nombre de «Angie», y una dirección en una ciudad lejana.

De inmediato decidió que escribiría. Le diría que había adquirido el libro, que había leído sus notas y que si deseaba recuperarlo podía enviárselo. «Con esta excusa —pensó— podré ponerme en contacto con ella.»

Así lo hizo, y con el corazón en un puño depositó la carta en la estafeta de Correos.

Pasaron los días y al cabo de lo que a él le pareció una eternidad recibió la respuesta. Nervioso —le temblaban las manos—, despegó cuidadosamente el sobre, sacó unas hojas de papel y leyó su contenido. En efecto, decía «Angie» en la carta, el libro le había pertenecido, y se alegraba de que le hubiera gustado. Había sido un libro muy querido por ella y lo consultaba a menudo, pero, por error, su padre lo había vendido junto con otros. Decía también que no era necesario que se lo devolviera, pues había conseguido otro ejemplar. Al final se despedía y lo invitaba a que la volviera a escribir.

El hombre respondió, claro, y a su vez obtuvo pronta respuesta. Los días pasaron, y las semanas y los meses, y el hombre se sentía cada vez más enamorado. Las cartas que recibía, escritas con elegancia, destreza y amabilidad, eran tan hermosas que llegaban a lo más hondo de su solitario corazón.

Había encontrado su alma gemela... o, quizá, su alma gemela lo había encontrado a él. No importaba, en aquellos momentos era feliz.

En una carta le pidió, en cierta ocasión, que le mandara una fotografía suya, pero ella se negó: «No importa si mi cuerpo es feo o hermoso, si es joven o maduro. El cuerpo es tan sólo el vehículo en el cual viaja nuestra alma. Nuestro cuerpo cambia constantemente; el alma es inmortal. Si amas el alma, el amor también deviene eterno.» El hombre se mostró totalmente de acuerdo.

«La dependencia asfixia y mata el amor. El amor crece en el mutuo respeto y en la independencia. No me comprometeré hasta que encuentre a la persona que sea capaz de amarme así», escribió Angie en otra ocasión.

Mucho tiempo después decidieron encontrarse. Angie aprovecharía un viaje a una ciudad cercana para desplazarse hasta donde él vivía.

«Nos encontraremos en el mismo lugar en el que leíste mi libro aquella mañana. Aún recuerdo cómo me describiste el gran árbol en el prado.» Él aceptó, por supuesto.

Una hora antes de la fijada ya estaba el hombre dando vueltas por aquí —explicó el árbol—. Iba de un lado a otro, nervioso, y miraba constantemente su reloj, sorprendido de que los minutos pasaran con tanta lentitud, al punto de que llegó incluso a pensar que se le había estro-

peado. Al fin, el hombre se sentó y trató de leer un poco, pero no podía dejar de pensar: «¿Qué aspecto tendrá la mujer que amo?»

Perdido en estos pensamientos, lo sobresaltó un ruido en el camino. Una extraña excitación recorrió su cuerpo... y se levantó como si lo moviera un resorte, de un salto. Se atusó el pelo, miró con aprobación sus relucientes botas y acomodó la camisa nueva dentro del pantalón. El corazón galopaba en su pecho montado por el jinete de la emoción.

A lo lejos, entre los árboles, advirtió primero una sombra, que pronto se transformó en un hermoso cuerpo de mujer. Con andar decidido, la muchacha abandonó el bosque y se dirigió a su encuentro por el sendero que bordea este prado. El hombre contemplaba, tímido, a la bella muchacha. «Es más hermosa de lo que imaginaba», pensó. De su cabello, recogido atrás, se habían soltado algunos rizos que caían sobre sus mejillas y se movían al capricho de la brisa del mediodía.

«¡Qué hermosa es! —se repetía una y otra vez—. Realmente soy afortunado.»

Parecía un ángel, como su nombre indicaba. Su elegante y sencillo vestido azul se ceñía a su cuerpo y remarcaba sus juveniles formas, y le confería un encanto y una ligereza casi angelical. Todo en ella era dulzura y delicadeza.

La visión de la muchacha se apoderó del corazón del hombre, pues en verdad parecía surgida de un sueño. El bosque, el prado florido y la brisa que jugueteaba con sus cabellos contribuían a conferir un aire de mágica irrealidad al momento. Cuando la muchacha estuvo cerca lo miró a los ojos y él se sonrojó como un adolescente ante la primera cita de amor. Bajó la mirada y la saludó con timidez... enamorado ya sin remedio de ella.

La muchacha le devolvió el saludo amablemente y, sin dejar de mirar el camino pasó junto a él, despacio, con serenidad, ajena a la desconcertada mirada del hombre, que vio cómo se alejaba y tomaba el camino de la derecha, el que rodea el bosque y conduce a la entrada del pueblo.

Una sombra de desilusión, de decepción, cubrió con su negro manto el corazón del hombre, al tiempo que la incertidumbre se adueñaba de él. Miró de nuevo el reloj y comprobó, esperanzado, que aún faltaban cinco minutos para la cita con Angie.

Prisionero de un presentimiento arrollador, recorrió su espalda una extraña turbación cuando oyó unos pasos que se dirigían hacia él. De inmediato se dio la vuelta... y no pudo dar crédito a la visión que sus ojos percibían.

Confundido, con indecible consternación y asombro, vio a un fuerte y hermoso muchacho que acaba de salir del bosque y le sonreía y lo saludaba con una mano, mientras en la otra sostenía un libro, igual que el suyo, forrado asimismo con papel de color anaranjado.

«¡Dios mío, no puede ser!», pensó. Su imaginación le había jugado una mala pasada. Siempre había dado por descontado que Angie era un nombre de mujer, y nunca se le ocurrió pensar que quizá fuera de hombre. No sabía qué hacer ni qué decir.

Lo asaltó un torbellino de emociones. Deseó que la tierra se abriera bajo sus pies y se lo tragara, y también sintió el deseo de increpar, insultar y aun golpear al joven por mentirle, o por no sacarlo de su error, por hacerle perder el tiempo alimentando sus confidencias con esperanzas y amaneradas frasecitas, por ocultar lo que él consideraba un vicio perverso.

El joven se detuvo junto a él. Sus ojos, verdes, hermosos, brillaban con una intensidad inusitada, con una fascinante calidez, con amor. Su rostro expresaba la inocencia, la franqueza y la paz que se suelen asociar a la pureza de un alma liberada de la vulgaridad. Su atlético cuerpo transmitía una calma y una serenidad contagiosas.

«Ciertamente nunca me mintió en sus cartas, ni me hizo ninguna proposición inadecuada», pensó el hombre,

mientras trataba de reponerse de la impresión. «Sólo respondió solícitamente a mis inquietudes. No debo enfadarme con él —concluyó—. Es más, debo tratarlo con el respeto y la atención que todo ser humano merece.»

—Hola —saludó el muchacho, esbozando una sonrisa.

Sin darse cuenta, el hombre dio un paso atrás; todavía no se había recuperado de la impresión. No sabía qué decir. Lo cierto era que el muchacho nunca le había escrito nada incorrecto. Todo había surgido en su imaginación, y comenzaba a sentirse ridículo. Sus cartas eran hermosas y lo habían ayudado mucho, pero era otro cuerpo el que imaginaba, otra relación. Estaba enfadado, sí, pero en su interior amanecía un rayo de luz, de comprensión y tolerancia.

Mientras así sentía el hombre, el muchacho permanecía callado, mirándolo, a la espera de una respuesta.

«No es el amor que deseaba tener, este cuerpo no se corresponde con el de mis sueños —pensó—. Aunque…, tal vez sí este joven sea capaz de ofrecerme una valiosa amistad que perdure con el tiempo.»

Miró al muchacho, y aquella cálida mirada hizo que olvidara los grises dictados de la mente y que siguiera el noble camino del corazón. Poco a poco se abría paso en él la tolerancia.

—Hola —le dijo, y le tendió la mano—. Te ruego que perdones mi extrañeza, pero comprenderás que yo imaginaba a alguien diferente.

Se sentaron juntos en la orilla del camino y se pusieron a hablar. Y así lo hicieron durante un par de horas, acerca de la vida, del amor, de la debilidad de expresar los sentimientos, del placer… y de muchas otras cosas. En aquellos momentos ya se sentía cómodo, percibía una gran afinidad con el muchacho y descubrió que era capaz de explicar cosas que había ocultado por mucho tiempo. En verdad entre aquellos dos corazones fluía una corriente de amor.

Y llegó la hora de la separación. El hombre, triste por

tener que despedirse, agradeció al muchacho su amabilidad por viajar y encontrarse con él. Prometió que volvería a escribirle y le rogó que él hiciera lo mismo. En aquel preciso instante el muchacho abrió el libro que llevaba en la mano, extrajo una carta de él y se la entregó.

—Yo nunca te escribí —le explicó entonces—. No fui yo, sino mi hermana Angie quien lo hizo. Ha sido ella quien me ha pedido que te entregara esta carta, siempre y cuando tú me hubieras tratado con respeto, comprensión y amabilidad, como así ha sido.

—¿Si tú no eres Angie, quién eres? —preguntó el hombre, que no salía de su asombro.

—Mi nombre es Alexei. Celebro que por fin me lo preguntes —respondió el joven, con una sonrisa—. Nací el mismo día que mi hermana; somos, pues, gemelos.

El hombre rasgó el sobre y, con mano temblorosa, extrajo una cuartilla y una fotografía. En ella se podía leer:

«Las palabras son semillas que caen sobre nuestra alma; algunas germinan, enraízan y se transforman en poderosas acciones, mientras otras se pierden para siempre. Amar no es una palabra, es una práctica diaria que incluye la tolerancia, el respeto a las diferencias, la mutua comprensión. En mi corazón sabía que tú eras así, pero tenía la responsabilidad de comprobarlo. Soy feliz por haberte encontrado.

»Te estaré esperando a la entrada del bosque.

»Angie.»

Y resultó que la fotografía correspondía a la misma hermosa mujer que había pasado junto a él.

Confundido, el hombre miró al joven y, sin pensárselo dos veces, lo abrazó. A continuación, emprendieron juntos el camino de regreso. Su corazón liberado había entendido lo que era el amor.

Las personas entran de modos misteriosos en nuestras

vidas, a veces con un secreto propósito —explicó el árbol a su joven discípulo—. *Cuando alguien permanece en nuestras vidas siempre lo hace por alguna razón, cumple una misión, colma una necesidad. Y es así incluso en aquellos momentos en que el amor se transforma en dolor, cuando se sufren abusos o desconsideración o nos envuelve la soledad. Así pues, no olvides que este tiempo tiene un propósito, cumple una finalidad: recorrer el infinito camino, saltar de cualidad en cualidad, aprender nuevas conductas, nuevas formas de relación, siempre bajo el impulso irrefrenable de alcanzar el amor.*

El joven se levantó, y en pie frente al árbol lo miraba con expresión interrogativa. Un sentimiento nuevo, una pregunta, despuntaban en su interior. El árbol siguió hablando:

Toda relación, ya sea gozosa, dolorosa o de indiferencia, es un entrenamiento para lograr lo que en momentos difíciles tan sólo sea un sueño, una ilusión o un anhelo imposible de cumplir: aprender a compartir el amor. Apreciar, respetar y disfrutar de la presencia de otros seres; desarrollar la habilidad de valorar y conservar la constante alegría que se desprende de la presencia del amor.

El silencio se extendió por el bosque. El joven, allí, en pie, mostró su inquietud al fin:

—Mi vida entera ha transcurrido cerca de ti, siquiera puedo recordar la primera vez que jugué a tus pies. Ahora ya soy un hombre y puedo decir que tu sabiduría ha colmado mi mente y mi corazón. Si bien desde el principio tu presencia me ha proporcionado una callada sensación de afecto, debo preguntarte por el significado de nuestra relación. ¿Cuál es nuestro vínculo? ¿Por qué me hablaste? ¿Por qué me has enseñado a vivir?

No obtuvo respuesta. Los árboles son de una naturaleza singular, imposible de conocer del todo. Inaccesibles, impenetrables y reservados, viven alejados de los estereotipos de nuestra civilización, cuyos valores trascienden.

—Siempre has sido mi guía —continuó el joven—, y no sólo aquí, también en la ciudad y allí donde me encontrara. Durante estos años has sido el mejor maestro que pude jamás soñar... ¡Respóndeme, por favor!, ¿cómo puedo corresponderte?

Un largo silencio precedió la respuesta del árbol.

Hemos aprendido juntos lo que aprenden todos: a vivir el amor incondicional, aquel que va más allá del intenso dar, del esperado recibir. El amor que se nutre de sí mismo, que nos eleva y nos redime. El amor en su estado más puro. Eso he aprendido yo de ti y tú hoy lo aprendes de mí... y así, juntos, para toda la eternidad.

El joven se sentía mareado. La palabra eternidad retumbaba en su interior, entreabría las densas cortinas de la memoria. Una neblina comenzó a desvanecerse en su interior, y surgieron recuerdos, vagas imágenes que desfilaban por su mente.

Respiró hondo y se sentó de nuevo a los pies del árbol; se acomodó y descansó durante una hora. Entonces, ya recuperado, se levantó, apoyó la frente contra el tronco del árbol, como hacía siempre, agradeció la sabiduría recibida y se alejó lentamente.

¿Podrás venir mañana?, le preguntó el árbol.

Sorprendido, pues nunca le había pedido que lo visitara, dio media vuelta, hizo un gesto de asentimiento con la cabeza y lo observó durante unos instantes.

Se sentía extraño. Una sensación de calor recorría su cuerpo mientras se apoderaba de él un cierto malestar. De nuevo se mareaba. Unas gotas de sudor frío asomaron por su frente, y mientras se las secaba algo se movió en su interior. Por un instante temió desmayarse.

No temas por tu salud —le dijo el árbol—. Es el espíritu lo que se mueve en ti, y tu cuerpo debe reajustarse, eliminar impurezas, transformarse para mantener un nivel más alto de energía. Muy pronto la energía se asentará. Respira larga y pausadamente, no sólo hasta tu abdomen, imagina también que llevas el aire hasta tus pies, y comprobarás que estas molestas sensaciones desaparecerán pronto.

Reconfortado por aquellas palabras, el joven se sentó allí mismo, sobre una roca, junto al camino, y respiró profundamente durante unos diez minutos; ciertamente su corazón y su alma estaban cansados. Pero algo dentro de él lo animaba a seguir la búsqueda. Su intuición le decía que muy pronto obtendría las respuestas que durante tanto tiempo había buscado.

Al cabo volvió a ponerse en pie y miró afectuosamente al árbol; dio media vuelta entonces y, sin osar moverse aún, contempló el sendero que se internaba en el bosque. La escasa luz del amanecer comenzaba a borrar las inmensas y diáfanas sombras de la noche. En su interior, una claridad largamente añorada comenzaba a despuntar.

Estaba pálido, sus axilas estaban bañadas en sudor y en sus ojos se dibujaba una expresión de angustia. Se apoyó contra una roca. Percibía con claridad una fuerza o un poder dentro de su cuerpo que giraba y subía a lo largo de la espalda, que le oprimía los plexos y le golpeaba el estómago, que le abría las secretas puertas y le alcanzaba el corazón, para de nuevo girar y ascender. Cuando aquella fuerza le alcanzó el cuello sintió náuseas, pero no pudo vomitar.

Decidió quedarse donde estaba. De hecho, en su estado poco más podía hacer. Tembloroso, con una mano se sujetaba con fuerza el estómago mientras apoyaba la otra contra el pecho, y así, tambaleante, retrocedió junto al árbol y se acurrucó junto a él.

El secreto abrazo de su amigo lo cubrió con dulzura y lo liberó de todo temor. Desde el firmamento, las últimas estrellas auspiciosamente los miraban.

XI

Cerca de medianoche
　　lo vi sentado en un fervoroso estado.
Permanecí en silencio,
　　un poco alejado de él,
y esperé a que me hablara. Parecía sumido en
　　una trascendental visión.
Pasadas algunas horas abrió los ojos y me dijo
　　con tiernísima voz:
«Estoy flotando, floto en la inmensidad,
sobre la claridad de la fe y el conocimiento.
Lo he visto, amigo mío», explicó con mirada
　　cristalina.
Moraba en ese reino trascendental en el que
durante toda su vida había vivido.
Pero ahora ya no ocultaba ese hecho.
Y comenzó a describirme sus visiones.

　　　　　　　　—DE LAS NOTAS DEL AUTOR

Primero pensó que no podía dormir. Echado sobre la mullida hierba, percibía cómo su cuerpo se hundía poco a poco, y se adormecía al fin, mientras un poder desconocido se abría camino entre las brumas de su conciencia. Era la primera vez que vivía aquella experiencia. Las molestias habían desaparecido para dar paso a una gran paz, una serenidad que se extendía por doquier. Su cuerpo dormía profundamente mientras su mente, despierta, percibía con

109

claridad cómo una reparadora corriente de energía lo recorría. La energía ascendía por su espalda en remolinos y se vertía sobre sus órganos, para luego extenderse por todo su cuerpo. Sentía cómo todas sus células pulsaban con un gran calor, en una intensa radiación interior, mientras él, a la vez dormido y despierto, lo observaba.

Pasaron así varias horas. El sol avanzaba en el firmamento e inundaba de luz la naturaleza. Cuando al fin el joven abrió los ojos dirigió la mirada a la lejanía, a las cimas de las montañas que arañaban el cielo, y le parecieron distintas. Ya no eran simples cúspides, sino lugares sagrados desde los cuales se rozaba lo infinito. Eran formas llenas de poder, de energía, pensó, y desde ellas era posible sentir la vitalidad del fluir de la tierra al elevarse hacia el cielo. A sus pies, la calma del lago suponía para él una invitación a sumergirse en la matriz insondable, la perenne sabiduría que yacía en las profundidades de la mente. Mirase donde mirase, ante sus ojos distinguía el juego de los opuestos manifestándose eternamente en toda la creación.

Cuando estés en una tranquila playa o junto a un hermoso lago —le había dicho el árbol tiempo atrás—, siéntate y observa el paisaje; observa el cielo y luego sumerge tu mente en la contemplación de las aguas. Al rato sentirás un saludable alivio, el reposo y el bienestar que emergen de la inmensidad del espíritu.

La calmada visión de las aguas —le explicó en otra ocasión— *es la forma de devoción más elevada.*

Durante un buen rato, sentado, con las piernas cruzadas, contempló la inmensidad del agua. Una tranquilidad absoluta, la ausencia de subjetividad, de cualquier actividad mental o emocional le abría el camino hacia el desarrollo de lo que el árbol denominaba una nueva conciencia. Tras vivir esta experiencia el joven estiró brazos y piernas tanto como pudo. Renovado por el descanso, se levantó y caminó hacia el otro extremo del prado, hacia el acantilado; bajó por un sendero y llegó hasta el apacible lago. Se desnudó y se sumergió en las aguas. Mientras nadaba sintió que un poder, un nuevo vigor, nadaba con él.

Poco antes del atardecer el muchacho volvió junto a su amado árbol. Se sentó como hacía siempre, con la espalda apoyada contra el ancho tronco, y se dispuso a sumergirse en su diaria meditación. Durante años había seguido fielmente, con responsabilidad, con seriedad, las indicaciones del árbol. «¡Con cuánto acierto me ha guiado! —pensaba—. ¡Con cuánta paciencia ha moldeado mi corazón!» De su memoria se escaparon vagos recuerdos del ayer.

El espíritu de un cuchillo corta; el de una olla, contiene —recordaba que le dijo en una ocasión—. *No es el cuchillo el que corta, sino la entidad que lo anima. Del mismo modo, tú no eres este cuerpo, sino el espíritu que lo mora.*

Tiempo atrás no alcanzó a comprender del todo lo que el árbol intentaba decirle, pero en aquellos momentos era distinto. Ya podía distinguir con claridad cómo algo desconocido, vigilante y silencioso, atestiguaba cada movimiento de su cuerpo, y le recordaba a cada instante que él no era ese cuerpo, sino el espíritu que lo habitaba.

Cerró los ojos, tomó una larga y pausada respiración y se sumió acto seguido en una profunda meditación.

Pasaron las horas y la oscuridad se arremolinó alrededor de él. La radiante presencia del árbol le proporcionaba un sentimiento de inexpugnable protección. Al disolver su individualidad contempló en su interior retazos de recuerdos, imágenes que como estrellas fugaces rasgaban la quietud de su conciencia, leves apuntes de acciones del pasado que no acababa de alcanzar.

Al igual que en la noche anterior, la energía, la primera manifestación del espíritu, se acumulaba en él y lo colmaba, y se esparcía entonces por todo su ser. Y así contemplaba un cuerpo, el suyo, radiante, luminoso, que brillaba en un arco iris de múltiples y resplandecientes colores, mientras el espíritu fluía, se movía y ascendía ligeramente, para flotar en la noche bajo la atenta mirada de la quieta luna.

Se sentía muy ligero, liberado de la densidad del cuerpo, planeando en una inconmensurable levedad. Miró hacia abajo y se vio sentado junto al árbol, y no le extrañó lo más mínimo, tal era la naturalidad de aquella vivencia. Se mecía en el aire como un pájaro y, llevado por el pausado ritmo de su inspiración, cada vez se elevaba más y más. Flotando en la noche, desde lo alto contempló, abajo, las montañas, el lago, el bosque y, más allá, las luces de la cercana ciudad. Liberado de la densidad del cuerpo, su espíritu se movía libremente en una corriente de gozosa eternidad. Más alto aún, divisó la Tierra bañada por una cálida luz azul, mientras las cada vez más cercanas estrellas emergían de la oscuridad y resplandecían en centelleante luminosidad.

¿Se trataba de un sueño? No, no era así. El espíritu del joven, separado del pesado fardo de su cuerpo, flotaba en el espacio, liviano, arropado por un estado de inmensa paz. La magnificencia del momento le hacía ascender, elevarse en la infinitud de un cielo en el que él era su propio límite.

No hay medida que permita saber cuánto tiempo pasó el joven en este estado, aunque ciertamente a él le pareció eterno. En determinado momento, en ese éxtasis liberador en que se encontraba, distinguió un fino cordón plateado que pendía de él. Comprobó que lo conectaba con su cuerpo; pudo comprender entonces que no estaba solo: había otro cordón de plata que se elevaba y palpitaba hasta desaparecer muy cerca de él.

Aunque no podía verlo, sí notaba la invisible presencia alrededor. Concentrado en su intención, percibió en su esencia una energía vibrante, un tenue cosquilleo que se extendía por todo su ser, al tiempo que una nueva facultad, una nueva dimensión sensorial se abría para él.

Fue entonces cuando, lleno de gozo, lo distinguió por fin: una presencia tenue, transparente, etérea, que emergía sobre el estrellado firmamento. Y el espíritu del joven, atraído por aquella forma cristalina, vio cómo se transformaba en un leve resplandor, una luminosidad que progresivamente iba llenando de claridad el oscuro espacio hasta que el más maravilloso Ser que pueda imaginarse surgió de entre la luz.

Radiante y puro, de una belleza sin igual, el Ser apareció ante él y lo observó con infinito amor. Al momento, la más extraordinaria beatitud se extendió por el espacio y alcanzó al joven que quedó embelesado, embriagado de amor. El Ser, que no era otro que el espíritu de su amado árbol, se abrió e, instintivamente, el espíritu del joven lo reconoció y buscó cobijo en él, y allí se abandonó, se fundió en el reconocimiento de una unión y de un amor indescriptibles largamente cultivados.

Al contacto con el Ser, las últimas ataduras que lo retenían, el juego eterno de causa y efecto, se derrumbaron. El joven se impregnó de aquella luz y atravesó los niveles sucesivos del autoconocimiento, y alcanzó así la última revelación, penetró en la suprema esfera. En un instante le fueron transferidos el conocimiento y la paz que trascienden todas las cosas, y una gran calma sanó su corazón, lo embriagó de un profundo amor.

En ese instante, la experiencia de lo vivido se alineó en su conciencia y se ordenó. Los recuerdos volvían a su mente para transformarse en sabiduría. Ya no era un joven, sino un espíritu que adoptaba muchas formas, diferentes cuerpos, en un viaje eterno siempre con el mismo destino, siempre con la finalidad de aprender junto a su amado árbol.

Y así se reconoció como la desconsolada madre que lloraba junto al cuerpo aún tibio de su hijo, que abrazaba la espada del padre; como el exigente maestro que amenazaba y castigaba al desvalido niño; como la prostituta que aprendió que no hay nada de pecaminoso en el sexo, capaz de acercarse a lo divino por medio del goce, del placer, y también como el hombre que leía en soledad libros al pie del árbol.

En verdad vio que regresaba con la figura de muchos cuerpos y todos, de algún modo, eran él. Eran su propia historia aquellas historias que el árbol le había narrado durante tanto tiempo, en un viaje para mejorar, para aprender y profundizar en el amor.

Y se descubrió, asimismo, cruel y egoísta, en aquel hombre que armado de sierra y hacha cortó y destruyó lo único que de amor había obtenido en su vida.

Todos eran él. Todos la misma entidad que renacía, incansablemente, para luego volver a morir. Bien como hombre, bien como mujer, siempre completando etapas, repitiendo también el mismo error hasta, por fin, aprender. Era él, para siempre e inexorablemente unido al árbol.

Tantos años lo había observado el árbol… tantos años para amarlo y respetarlo, para protegerlo sin interferir, para avivar su espíritu y restaurar con aquellas historias su memoria y sanar su herido corazón.

Los dos permanecieron así durante lo que pareció una eternidad. El espíritu del árbol lo acogía con dulzura. Con él se sentía completo, realizado, por fin liberado. Lenta y gradualmente los dos fueron descendiendo, hasta que distinguió la Tierra, el arco del horizonte, un inmenso océano que brillaba con una acogedora luz. Los espíritus de ambos, el del árbol y el del joven, se acercaban ya al paraje familiar: a las montañas, al lago, al prado… Y escuchó entonces el latido de su corazón.

De nuevo se encontraba dentro de su cuerpo, y una vez más sintió el contacto en su espalda del tronco del árbol. Despacio, estiró los miembros para desentumecerlos, bostezó y empezó a abrir los ojos. Frente a él, el resplandeciente espíritu del árbol lo observaba.

El rostro del joven había cambiado; su cara era la misma, pero las facciones, su expresión, eran otras. Sus ojos brillaban con tal intensidad y de su cuerpo emanaba tan maravillosa paz que, ciertamente, ya nunca podría decirse que era el mismo de antes, pues desde entonces jamás percibió nada como algo distinto, separado o ajeno a él. Desprovisto de todo egoísmo, un atisbo de serenidad y paz lo acompañó para siempre.

El joven se levantó, contempló con renovada perspectiva el espíritu del árbol y, comprendiendo la inutilidad de las palabras, hizo suyo aquello que tantas veces había oído:

No creas lo que tus ojos ven, pues sólo muestran lo que debido a tus limitaciones esperas ver. Mira con tu espíritu y descubrirás aquello que ya conoces: el camino que retorna al hogar.

Allí, frente a él, después de lo que consideró una eternidad, se encontraba su compañero en su forma más pura y elevada. Aunque en ocasiones llegó a sentirse solo, jamás lo había estado. Mientras se hundía más y más en la materia y experimentaba el placer y el dolor, la discriminación o el reconocimiento, su amigo permanecía junto a él, atento, vigilante, y también dispuesto a aprender, si bien de un modo distinto. En verdad el espíritu, que no conoce masculino ni femenino, posee infinitos caminos, aunque sólo tenga una meta: expresar el amor que es sabiduría y se convierte ora en gratitud, ora en correspondida entrega.

El espíritu del árbol empezó a desvanecerse, a transformarse en una luz vaporosa hasta que al fin se extinguió. La experiencia vivida dejó en el joven un profundo sentimiento de unidad.

Se dio la vuelta, lo miró y distinguió en aquel inmenso tronco, en las ramas, en las hojas y aun en cada poro del árbol el reflejo de su propio espíritu.

La serenidad substituía al ansia de preguntar. Con gesto sencillo, levantó la mano y acarició el sólido tronco. Sabía que había llegado al final de un camino y que, inexorablemente, otro debía abrirse ante él, de modo que formuló una última cuestión:

—¿Partiremos algún día de aquí?

Pero el árbol no tenía respuesta... O no quiso responder.

XII

Si algún día decides caminar
hacia el bosque, hacia la unidad,
allí me encontrarás.

—LAS ENSEÑANZAS DEL BOSQUE

Pasó el tiempo y el joven vivía con placidez y quietud; pasaba desapercibido entre las gentes. Seguía una vida sencilla, pues había aprendido junto al gran árbol a tomar las circunstancias tal como venían, sin ofrecer la menor resistencia, sin imponer su voluntad; fluía al ritmo de la naturaleza, se movía en la misma dirección que ella, aprovechando su impulso y extrayendo el mayor beneficio.

Como resultado de su interiorización apenas necesitaba dormir. De día cumplía con sus deberes, mientras las noches y los días festivos los dedicaba al gran árbol. Llegaba junto a él con la humildad de un niño, se sentaba y esperaba a que el Ser de luz se manifestara. A menudo, el árbol se limitaba a cubrirlo con su luz, y lo instruía con el silencio, que bastaba por sí para responder a cualquier pregunta. En ocasiones sí le hablaba, y con infinito amor le liberaba de la sutil venda que le cubría los ojos, para que se acostumbrara, poco a poco, al brillo de la luz y de cada momento de su vida.

Recuerdo que era un hermoso día, uno de aquellos en los que es imposible dejar de admirar la belleza de la naturaleza. El joven estaba sentado cerca del árbol, absorto, distraído en la contemplación del paisaje. Desde el borde del acantilado la vista era —y aún lo es hoy— de una pureza y de una belleza increíble, por eso nunca se cansaba de admirarla. La belleza es contagiosa, como también suele serlo el dolor y la lamentación.

Pero como contaba, estaba el joven sentado cuando el árbol empezó a hablarle:

Todo aquel que se adentra en su pasado y llega a conocerlo se convierte en testigo de las decisiones y acontecimientos que lo han creado, que hacen que sea como es. Al verse a sí mismo como autor y ejecutor de cada decisión, se hace consciente de ser el único y exclusivo creador de su vida.

El joven dirigió la mirada al árbol y respondió, con una sonrisa:

—Así es. Cada uno de nosotros posee el poder de crear su vida. A cada instante construimos un nuevo futuro con las innumerables decisiones que tomamos y ponemos en práctica. A veces actuamos de manera inconsciente, casi sin pensarlo, con precipitación, impulsados por una fuerza interior; otras decisiones son fruto de la reflexión. Todas, sean meditadas o irreflexivas, nos abren a un futuro nuevo y diferente a la vez, que puede ir de lo maravilloso a lo aterrador.

El joven se detuvo y guardó silencio, como si meditara. Y al cabo continuó:

—Nuestro futuro nace de nuestras decisiones; aunque las circunstancias ajenas a nosotros pueden ser determinantes, también es posible superar los obstáculos con la fuerza de nuestra decisión. La peor decisión es no decidir por miedo a equivocarnos, es quedarnos inmóviles y tratar de detener el ritmo de la vida, que nos mueve a crear nuevas actividades, que nos impulsa a todos a avanzar. Pues ignoramos que cualquier error, que todo dolor es también una oportunidad para mejorar.

El árbol escuchaba complacido el discurso del joven;

veía en él otro árbol, un retoño que daba sus primeros frutos. Durante años, el muchacho se había embebido, en respetuoso silencio, de sus palabras, pero en aquel momento, por fin, comenzaba a expresarse, a compartir su visión y su conocimiento.

—Cometí muchos errores —continuó el joven con un suspiro—, tomé numerosas decisiones equivocadas, y con ellas produje dolor a los demás y a mí mismo. Pero también es cierto que con el discurrir del tiempo he comprobado que cada uno de mis errores se convertía en una nueva oportunidad para mejorar.

Hizo una pausa. Parecía sumido en sus pensamientos, como si quisiera sintetizar lo aprendido y lo vivido.

—He comprobado —siguió, tras unos instantes— que lo esencial nunca es el suceso que nos acontece, sino la actitud con la que le hacemos frente, cómo lo experimentamos. Y aunque por su importancia a menudo vivimos el acontecimiento con angustia o dolor, debemos recordar que lo fundamental es siempre la actitud, y percibir que, suceda lo que suceda, siempre servirá para avanzar y mejorar.

Al árbol le complacía escuchar al muchacho. Puedo asegurar que, progresivamente, cada día un poco más, mi amigo continuó expresándose, manifestando sus pensamientos, sus experiencias y vivencias. Y poco a poco se fueron invirtiendo los papeles. Y es que, a diferencia de muchos de nuestros mayores, el gran árbol, desprovisto de todo egoísmo y sin ningún temor a que el muchacho le robase autoridad ni poder, escuchaba satisfecho y con humildad sus palabras. Así, con su silencio le permitía florecer y madurar. Y observó cómo una visión global y armónica, una actitud decidida y esperanzadora se habían instaurado permanentemente en él.

* * *

Uno de los mayores problemas de aumentar con rapidez el conocimiento de nosotros mismos suele derivarse de no haber sabido construir con anterioridad una sólida estabilidad emocional. De haber practicado poderosas técnicas de autodesarrollo sin previamente haberse ocupado de educar las emociones. Acontece que al profundizar en el conocimiento de nosotros mismos, inevitablemente nos hacemos conscientes de que somos peores personas de lo que jamás pudimos imaginar.

Sí, has leído bien. He dicho. *Peores personas de lo que jamás pudimos imaginar.* Permite que me explique. Sucede que al abrir las compuertas de nuestro inconsciente, es inevitable que surjan los recuerdos dolorosos, los sentimientos inadecuados, las acciones vergonzosas, nuestros errores, todo el dolor que extendimos alguna vez a nuestro alrededor. Toda esa podredumbre, sin madurez para enfrentarla, puede acabar abatiéndonos, extraviándonos al dejarnos llevar por la tristeza, el victimismo o la lamentación. En cambio, con el previo desarrollo de la estabilidad emocional es posible reconocer y enfrentar esa negatividad, evitar el sentimiento de culpabilidad y percibir el brillo de la bondad, de la compasión, el valor y el enorme potencial de sabiduría y amor que asimismo reside en nuestro interior.

En su viaje a lo largo del tiempo, a través de distintas experiencias vitales, el joven se había visto como el hombre que había talado el gran árbol. Así contempló cómo su más sombría naturaleza, su lado más oscuro, infligía un atroz dolor; pero también descubrió en sí los momentos de mayor luminosidad. Supo que mataba lo que amaba; pero también alcanzó a ver su evolución, su aprendizaje, su realización. Había contemplado el brillo de la luz en medio de la oscuridad, y había descubierto que lo esencial era esa luz, no recrearse en la oscuridad.

Un cuerpo, un organismo —explicó el árbol—, *es un pensamiento puro materializado. Poseer un cuerpo repre-*

senta una gran oportunidad para evolucionar, desarrollarse y aprender. El espíritu avanzará rápidamente si tiene una forma, un soporte físico a partir del cual adentrarse en la experiencia física. Esa es la razón por la cual siempre, tras intervalos más o menos cortos, invariablemente debemos volver. Es el motivo por el cual casi todos tenemos que usar este medio para ser útiles y aprender.

Los espíritus de los árboles —precisó— están vinculados al conocimiento, a la sabiduría, a la cognición de la realidad. Muchos sabios lo han descubierto y han aprendido de nosotros, pues nos consideran seres sagrados. En multitud de lugares se nos festeja y adorna como señal de paz. Cada país, cada región, tiene sus propias especies, pero todos los árboles compartimos una sola función: dar la luz a las mentes oscuras, ofrecer la paz a los fatigados cuerpos humanos y dotarlos de nueva vitalidad. Esos son nuestros dones y cualquier persona puede beneficiarse de ellos. Tan sólo debe acercarse a nosotros sin miedo, sin ambición, con humildad y apertura.

Las plantas con sus flores son manifestación del amor. Su presencia restaura, aleja el dolor y trae de vuelta a nuestras vidas el ansiado amor. Recuerda que la enfermedad es tan sólo una ausencia, una falta parcial de amor. Es por ello que las plantas y las flores, debidamente preparadas, alejan la enfermedad al devolver la dulzura, la sonrisa, la vitalidad que se desprende de vivir en armonía con el amor. Obsequiar un ramo de flores despierta el sentimiento en la persona amada. Ofrecerlas a los difuntos calma los sentimientos perturbados y confusos y les proporciona la deseada paz.

El joven escuchaba con rostro sonriente; ya no se trataba sólo de aprender, pues con cada palabra descubría un mundo nuevo lleno de nuevas posibilidades.

El espíritu de las piedras —continuó el árbol—, con su naturaleza eterna e inamovible, pertenece al linaje de lo divino. Las montañas y sus rocas, los metales, las piedras preciosas y aun los guijarros están impregnados de ese espíritu de divinidad. Las dunas y las arenas del desierto esconden también en su interior un poderoso e intenso poder. El oro, el brillante, el rubí y el peñasco pueden susurrarte el secreto de cómo llegar a ser inmortal.

Pero disponer de un cuerpo humano es, en definitiva, la más grande ocasión para un rápido refinamiento, para el desarrollo. Por ello, los seres más evolucionados, aquellos que sólo son luz y no pueden dejar de serlo, admiran la rapidez con que los humanos avanzáis. Pero esa rapidez no está exenta del temible riesgo que representa el olvido. Satisfacer un deseo tras otro proporciona realización, pero también conduce al olvido de que es el amor y no el dolor el propósito de vuestra corta vida.

Hizo una pausa, como si deseara medir las palabras que pronunciaría a continuación.

La civilización que glorifica el dolor —dijo entonces, despacio—, *que lo convierte en modelo a imitar, es la más alejada de la luz de la verdad. El dolor nunca ha redimido a nadie, ¿comprendes?*

El joven asintió con un movimiento de la cabeza.

El dolor es valioso —concluyó—, *porque incrementa el ansia de búsqueda, pero no redime. Sólo el amor nos salva.*

Muchas fueron las cosas que el gran árbol enseñó al joven, tantas que no cabrían en un solo libro. Al final de aquella jornada el silencio se hizo un hueco entre los dos. Un gozo inefable sustituyó a las palabras; un sentimiento de permanente compleción se instaló en ambos.

Los días transcurrieron felices. Con el invierno llegó la Navidad, y miles de lucecitas iluminaron las calles de las ciudades y aun de los más recónditos pueblos, y en ellos un gran árbol de Navidad se engalanó para la ocasión, y alrededor de él se reunieron niños y mayores para cantar y hacerse promesas de amor.

El corazón del joven estaba impregnado por el espíritu de la Navidad, y con esa disposición atravesó el bosque, despacio, hundiéndose a veces en la nieve, para llegar junto a su amigo. Miró al árbol, acarició con las manos el tronco y luego lo abrazó. A continuación, mientras el árbol lo observaba con cariño, hizo un hueco en la nieve, se cubrió con una gruesa manta y se sentó.

—Hace mucho, muchísimo tiempo —empezó a narrar el joven—, en un lugar muy, muy lejano, vivía una familia ni muy rica ni muy pobre, como todas las demás. El padre tenía un pequeño negocio que les permitía vivir dignamente. La madre, como era costumbre en aquella época y en aquel lugar, además de trabajar se ocupaba de educar a los hijos y de las tareas del hogar... Pero un buen día supo la madre que de nuevo estaba embarazada y la familia celebró la buena nueva...

»Muy, muy lejos de allí, tres hombres sabios, desde diferentes lugares del mundo, escrutaban el cielo en busca de la gran señal. Sabían, porque así lo habían aprendido de sus mayores, que cuando el cometa llegase de nuevo y los astros se alineasen nacería aquel que superaría en sabiduría, amor y gratitud al más sabio de los humanos. Y llegó al fin la señal y los tres hombres, que no se conocían, decidieron emprender camino hacia el destino que sus cálculos señalaban. Ninguno de ellos deseaba morir sin antes haber sostenido en sus brazos a tan extraordinario ser. Cada uno llevaba consigo su más valioso tesoro, resultado de años de búsqueda y realización.

El árbol, brillando de curiosidad, asistía con gozo al relato de su joven amigo.

—Pasaron los meses —continuó el joven— y llegó el momento en que aquella mujer diera a luz una preciosa niña. Los padres, ajenos a lo que sucedía muy lejos de allí, rebosaban de felicidad. Todos sus hijos eran varones y deseaban desde hacía tiempo una hija, por lo que el acontecimiento fue muy celebrado.

»Los sabios, montados en sus cabalgaduras, muy

pronto se encontraron y decidieron compartir su propósito, de modo que prosiguieron juntos el viaje hacia el lugar indicado. Atravesaron valles, ríos y ciudades, consultaban a menudo sus mapas e instrumentos y no les resultó difícil encontrar el hogar de la familia que acababa de tener descendencia.

»Se detuvieron frente a la casa y, temiendo perturbar el descanso del recién nacido, esperaron, pacientes, a que alguien saliera o entrara para presentarse. Por fin salió la madre, que vio a los tres hombres y los saludó con educación:

»—Buenas tardes —les dijo—. No os conozco, pero ya que os habéis detenido ante mi portal decidme en qué puedo ayudaros.»

»—Buenas tardes, señora —respondió uno de los sabios—. Buscamos a la familia que no hace mucho, en fecha muy señalada, ha tenido un bebé.

»—Bien…, es verdad que mi marido y yo hemos sido bendecidos con la llegada de una hermosa hija, una niña tan tranquila que cuando la miramos de nuestro corazón huyen las penas y nos inspira un profundo amor.»

»Los tres sabios no se sorprendieron de que fuera una niña; en verdad eran sabios y conocían el secreto de que el sexo no influía en la misión. Alejados del machismo y de las imposiciones del caduco patriarcado, sabían que poco importa el género cuando se trata de servir a la humanidad, de despertar el amor. Por esa razón uno de los sabios dijo con naturalidad:

»—Esta niña debe de ser, con seguridad, el ser que buscamos. De nuestros maestros aprendimos, y ellos de los suyos y así por generaciones, que un día nacería entre nosotros el espíritu de la verdad, el ser que será capaz de inspirar un nuevo sentimiento a la humanidad.»

»—No sé si mi pequeña será capaz de tanto —contestó, entre confundida y preocupada la madre, aún desde el portal—. Nuestra familia no es excepcional: no somos del linaje de los guerreros ni del de los gobernantes, y nuestras posibilidades son limitadas. Me pregunto cómo se las arreglará para cumplir tan ardua misión.

»—Ella encontrará el modo de hacerlo —intervino el tercer sabio—. Para ayudarla le hemos traído unos presentes. Pero, ¿podría mostrarnos antes a su hija, por favor?»

»—Mi familia no está en casa —explicó la madre—, aunque mi esposo volverá pronto. Si pueden esperar, con gusto les invitaré a pasar.

»Por fin el padre volvió a casa y la mujer, acompañada del hijo mayor, salió e invitó a los tres sabios a entrar para que ofrecieran sus regalos a la recién nacida.

»Y entonces el primero de los tres, tocándose la blanca y espesa barba, dijo pausadamente:

»—Verá, señora, antes hay un ritual que cumplir, pues nuestros maestros así lo estipularon. Cada uno de nosotros lleva un regalo diferente y, a pesar de que suman tres, sólo uno le podemos entregar. A su familia le toca escoger. Atienda: yo llevo conmigo la riqueza, y si eligen mi regalo les puedo asegurar que nunca les faltará el oro. Soy un hombre muy rico gracias a este cofre, que recibí hace mucho tiempo.» Y entonces el sabio abrió el cofre y mostró su contenido.

»El hijo mayor tuvo que sostener a la madre, pues casi se desmayó al ver que el interior estaba repleto de monedas de oro… Nunca había visto nada igual… Había tanto oro que el cofre debía de pesar una enormidad…

»—Es, además, mágico —puntualizó el sabio de barbas blancas—, porque las monedas nunca se agotarán, siempre surgirán nuevas.

»La mujer miraba aquello maravillada, sus ojos no daban crédito a lo que veía. Inconscientemente acercó la mano, y el cofre se cerró.

»—Observe bien este frasco —intervino entonces el sabio de piel oscura—, pues la mirra que contiene es capaz de curar cualquier dolencia. Es también inagotable, y mientras esté en vuestro poder con toda seguridad nadie de vuestra familia enfermará.

»—Y yo poseo el regalo del amor —dijo al fin el sabio de rubias barbas—. Es tal la fragancia del incienso que hay en esta caja que la casa en que se queme se convertirá en el paraíso. Sus moradores vivirán felices y gozarán eternamente de la esencia del amor.

»—Habrá observado que los tres presentes son inagotables, señora. Y a su familia le toca escoger, pues reza la profecía que sólo uno a la vez es posible obtener.

»La mujer entró en casa y se reunió con su esposo y sus hijos para, entre todos, tomar una decisión. Todos estaban sorprendidos, tanto que durante unos instantes nadie supo hablar. Fue al fin el padre quien tomó la palabra:

»—Tomemos el cofre; vivamos ricamente, sin preocupaciones y sin volver a trabajar.

Todos miraron al padre en silencio; en verdad la opción de una vida cómoda y regalada era muy atractiva, una tentación. A punto estuvo la familia de decir que sí, pero la madre se encargó de sacarlos de tan gran ensoñación.

»—¿Y de qué nos ha de servir la riqueza si no tenemos salud? Para gastar el oro en medicinas será mejor vivir con salud y vitalidad, y utilizar estos dones para obtener riqueza. Además, éste es un presente para nuestra hija y ella necesitará estar sana. Aceptemos el don de la salud, y que ésta se quede para siempre con nosotros. Ésa es mi propuesta.

»Se volvió a hacer el silencio en la estancia. En verdad la madre tenía razón. La mejor opción era la salud, pues cuando ella faltaba nada importaba todo lo demás.

»Y a punto estaban de decidir cuando el hermano mayor habló en nombre de sus hermanos.

»—Mirad, padres: nosotros creemos que debemos invitar al amor. Puesto que si disfrutamos del amor nuestra vida será dichosa, y permaneceremos juntos, unidos. Ganaremos dinero, viviremos por siempre unidos, felices y realizados. Al vivir en armonía, nunca ha de abandonarnos la salud.

»Los padres permanecieron en silencio, pensativos y ciertamente confusos, un buen rato. Pero finalmente decidieron invitar al sabio rubio, portador del regalo del amor.

»La familia entera salió afuera, con la recién nacida en brazos de su madre, que la presentó a los tres forasteros. Al verla, los sabios, ante la sorpresa de la familia, se inclinaron en señal de respeto.

»—Al fin mis ojos han visto la luz —exclamó el de piel oscura—. En el día de hoy he recibido la bendición de lo más alto, —le siguió el de las barbas blancas, emocionado. He aquí el alma capaz de inspirar un nuevo mundo, —dijo el anciano de rubias barbas.

»Permanecieron unos instantes en silencio mientras contemplaban el rostro de la niña. Luego, respetuosamente, se dirigieron a los padres para preguntarles:

»—¿Cuál es el don que deseáis?

»Y la madre respondió:

»—El amor. Deseamos vivir eternamente en el amor incondicional.

»Entonces, el anciano de rubias barbas se acercó, se inclinó y entregó la caja con el incienso al hijo mayor, al tiempo que le decía:

»—Es eterno. Y siempre que haya un poco prendido reinará en vuestro hogar el amor incondicional.

»El muchacho sonrió y le dio las gracias de todo corazón.

»A continuación, el sabio de piel oscura se acercó también, se inclinó y entregó su presente, la mirra, el don de la eterna salud. Y aun el de barbas blancas hizo lo mismo con su cofre de la riqueza.

»—¡No lo entiendo! —exclamó el padre—. ¿Por qué nos dais los tres? ¿No dijisteis que sólo recibiríamos un presente?

»—Así es —explicó el sabio de barbas blancas—. Si hubieseis escogido el don de la salud, ése tan sólo habríais obtenido; si el de la riqueza, sólo oro tendríais. Pero al pedir amor obtenéis los tres, pues donde hay amor hay siempre riqueza y salud. Ésa es la señal que prueba que vuestra hija es la elegida. Porque vosotros sois la familia adecuada, el campo idóneo en el que cultivar tan preciado fruto.

»Cuenta la historia —dijo, para finalizar, el joven— que cuando la niña se haga mayor, encarnará a un gran ser que educará los corazones de las gentes. Inspirará en todos el conocimiento de que es preferible el amor y el perdón antes que el dolor y la dominación. Ésta es la historia que anuncia que muy pronto las mujeres cambiarán el mundo, que lograrán por fin realizar aquello que el varón tantas veces intentó y nunca alcanzó.

El gran árbol contemplaba al joven con veneración. Con claridad, se habían invertido los papeles y el discípulo hablaba como un maestro.

Supo entonces el árbol que su misión estaba por concluir. Y también lo sabía el corazón del joven.

XIII

Su nombre es Silencio.
Abarca toda forma y aspecto;
está más allá de cualquier apariencia y
*   definición.*
Su límite es lo infinito,
no trates de definirlo,
lentamente se hace cuerpo.
Medita, durante mucho tiempo medita,
para luego, inmortal, regresar.
Regresa. Todo vuelve, tú también volverás.

—Las enseñanzas del bosque

Se funden las nieves y llegan las flores al prado, la esperada primavera; se van los cielos grises, llegan los cielos brillantes y azulados.

Un día, entrado ya el buen tiempo, el joven distinguió
a lo lejos a un viajero, un joven de largos cabellos, de figura elegante y un andar peculiar, ni lento ni rápido. Su rostro irradiaba una gran serenidad.

Al joven le extrañó la presencia de un desconocido.
Durante todos aquellos años junto al gran árbol nunca nadie les había interrumpido. Había llegado a pensar incluso
que su amigo, el árbol, dotado de algún extraño poder, era
capaz de evitar cualquier perturbación, que con mano
oculta los protegía, los escondía para así evitar que ojos
extraños los vieran.

129

El viajero se acercó y se detuvo frente al anciano árbol. Miró entonces al joven con una acogedora sonrisa. Los ojos del recién llegado vertían una contagiosa tranquilidad, que lo alcanzó como una bendición y le proporcionó una tenue calma.

—Hola —dijo con timidez el joven al viajero de largos cabellos.

Sintió que el recién llegado le resultaba familiar en algo, aunque no sabría decir exactamente en qué. Quizá fuera la dulce sonrisa que exhibía, quizás el inocente gesto con la mano alzada en señal de saludo.

El viajero se sentó, e invitó con un ademán al joven a que hiciera lo mismo. Y de manera automática, como movido por un resorte, él se sentó; ante la serena mirada del recién llegado cerró los ojos, y sintió que viajaba hacia su interior. Absorto en la intensidad de la experiencia, vislumbró una esfera de luz muy brillante, del tamaño de una nuez, que descendía sobre su cabeza y llegaba, a través de la columna vertebral, hasta el centro de su pecho. Con cada latido del corazón, la luz se expandía y llenaba su cuerpo. Sus órganos, los huesos, los tejidos y la piel se transformaban en luz. Y así, absorto en la luz, su conciencia creció hasta abarcar el universo entero.

Al final, una clara sensación de vacuidad lo llenó todo, y en medio de esa infinitud divisó una brillante luz que resplandecía como la más hermosa perla. Movido por su intención, su conciencia penetró en ella y descubrió así mágicos secretos que nunca me llegó a contar.

Cuando el joven abrió los ojos tuvo la sensación de que la naturaleza se había detenido, o de que él se había adentrado en una dimensión nueva, desconocida. El árbol brillaba en un aura de extraordinaria luz dorada, mientras su núcleo palpitaba con un resplandor azulado, casi violáceo. La paz invadía el lugar.

Amado padre —dijo el gran árbol—..., *¿otra vez por aquí?*

Al joven le sorprendió el tratamiento que daba el árbol al recién llegado, pues no aparentaba más de dieciocho, a lo más veinte años.

¿Ha llegado al fin el momento de partir? Estoy dispuesto.

Como el hacha que al caer rompe el hechizo que paraliza a los grandes árboles, el corazón del joven en verdad se partió en dos. Invadido por un terrible presagio, preso de un dolor indescriptible, un torrente de lágrimas brotó de sus ojos. Y entonces, en un arrebato de intensa pasión, se levantó, abrazó al gran árbol y con voz entrecortada, rota, ahogada por el dolor, gimió, suplicante:

—No me abandones todavía. No permitas que te vea morir.

Serénate, no voy a abandonarte —le explicó con dulzura el árbol—; *sabes bien que no deseo hacerlo. Más allá de las imaginarias formas que adopten nuestros cuerpos, juntos hemos aprendido lo que es el amor. No te inquietes, sólo voy a dejar de estar aquí, inmóvil, para estar en todas partes a la vez. He cumplido mi ciclo; lo que tenía que aprender siendo un árbol ya lo aprendí. Ahora me espera una nueva etapa. Durante cientos de años fui testigo de tu gran transformación, correspóndeme tú ahora siendo el testigo de la mía.*

El joven, un poco más tranquilo y algo avergonzado, se secó las lágrimas y se retiró unos pasos.

—Si mueres ¿no te veré más? —preguntó, con tristeza.

No voy a morir —le respondió el árbol—. *¿No sabes que nadie lo hace? Aunque quisiéramos, no lo conseguiríamos. Muere nuestro cuerpo; nuestro espíritu nunca se apaga. Pero en mi caso este cuerpo, este árbol que me acoge, no morirá cuando yo lo abandone. Este vehículo continuará viaje cuando mi último vínculo quede cortado.*

El joven apenas entendía las palabras del árbol.

Existen dos puertas para abandonar este mundo —le explicó entonces—. *La mayoría de los seres que lo pueblan* lo hacen a través de la puerta de la inconsciencia: adormecen, pierden la conciencia y mueren; luego, cuando despiertan en otro cuerpo, no recuerdan nada. La segunda puerta está destinada a los seres conscientes, aquellos que, tras haber completado y aprendido de múltiples experiencias vitales, son capaces de abandonar este mundo sin ningún vínculo, sin ningún deseo que cumplir, llenos de amor y paz. Ésta es la puerta que voy a atravesar con la ayuda de mi maestro, y tú, amado mío, serás testimonio de mi liberación. Ten presente que esta vez me toca a mí ir primero, pero que tú vendrás después.

Y sonó entonces, con tono solemne, la voz del árbol que proclamaba:

En este momento me libero de mi pasado y asumo vivir en libertad.

Su espíritu empezó entonces a girar en un torbellino de luz al tiempo que era rescatado del gran árbol por el joven maestro, que le tendió afablemente la mano, y quedaron así unidos. Una serena y suave luz violeta se expandió, mostrando la magnificencia de la divinidad.

El ser celestial que durante tanto tiempo había residido en el árbol se había liberado. El joven, sentado junto a él, comprendió que ya no lo unía al árbol el cordón plateado.

Un sentimiento de bienaventuranza flotaba en el aire cuando el ser le habló en su corazón:

¿Ves? No estoy muerto. A partir de este momento no será necesario que vengas aquí cuando quieras verme, pues me hallarás para siempre en tu corazón.

Ve y comparte con discreción, si lo deseas, lo que has aprendido. Cuando lo hagas, algunos no te creerán y otros se burlarán, pero comprobarás al final que muchos serán los que te comprenden. Cuéntales fábulas, háblales en el lenguaje de los cuentos, sólo éste penetra y transforma el corazón humano. Pero aléjate de la adoración que puedas despertar. Recuerda que sólo el bosque, los árboles, las ro-

cas y las flores, la naturaleza toda, son el único y verdade-
ro maestro. Y si algún día alguien te pregunta qué es el
amor, respóndele con la verdad que llena tu corazón.

—Amar es procurar a los demás lo que necesitan
—respondió el joven—, y hacerlo sin esperar nada a cambio. Ésa ha sido tu misión y lo que aprendí con tu ejemplo.

El amor, para serlo, debe ser correspondido —continuó el árbol—. *Cuando no es recompensado ya no es*
amor, sino deseo o interés. Un intenso deseo de hacer algo,
no por amor, sino para obtener a cambio una caricia, un
reconocimiento, un poder. Esto no es amor. Amar es ayu-
dar y ser, al mismo tiempo, ayudado. Es dar y, al mismo
tiempo, recibir. Recuerda que el tiempo es sagrado, no lo
malgastes, pues, en quien no te aprecie, porque quien no te
ama es que aún no te merece.

El sentimiento de bienaventuranza abrió paso a una
corriente de extraordinaria paz. El tiempo se detenía, y
una delicada fragancia se extendía por todas partes. El joven empezó a ver el mundo con ojos nuevos. Una refina-
da sensación lo embriagaba y lo poseía, lo transformaba,
aguzaba su percepción del mundo y lo acercaba a lo divino.

La suave brisa, el aroma de las flores, la humedad del
cercano lago… todo estaba impregnado de una sutileza in-
habitual. Percibía con claridad cómo las flores, los árboles
y el paisaje eran la obra, el producto de millones de años.
Al igual que él mismo, eran parte de un proceso infinito, y
así seguiría siendo para siempre: todo crecería, se modifi-
caría, evolucionaría. Sumido en esa percepción de eternidad alcanzó a oír como el viajero, el joven maestro de lim-
pia y brillante mirada, pronunciaba sin apresurarse las
únicas palabras que le oyó decir:

—El amor te salva de ti mismo y te libera del desamor
de los demás —y el tono de su voz era en todo natural—.
Se vive para hacer más fácil la vida de los demás.

Levantó entonces las manos y las apoyó con delicadeza sobre la cabeza del joven en señal de bendición. Y añadió:

—Lo único reprochable, el único pecado consiste en no haber amado suficiente. En el amor nunca hay pérdida, sólo ganancia.

Al contacto de las manos del maestro, un supremo vigor y una gran paz invadieron el espíritu del joven, y lo llenaron de objetividad y equilibrio. La angustia y cualquier resquicio de dolor por la aparente pérdida del árbol quedaron sanados al instante, y surgió en él una seguridad, una clara sensación de eternidad que desde entonces ya por siempre lo acompañaría.

El joven olvidó preguntar —quizá lo obvió— quién era el maestro de largos cabellos, por lo que poco más puedo decirte de él.

A menudo se lo he preguntado a mi corazón y me ha dado una respuesta, un nombre, que no me atrevo a pronunciar. El nombre poco importa, mas sí sus palabras. Permite que esta historia se derrame sobre tu corazón, y que te llene de amor y plenitud.

En verdad el joven había llegado al final de un camino y, sonriente, con el corazón rebosante de amor, contempló cómo el espíritu del árbol y el maestro de pura mirada se alejaban. Comprendió que no había un fin, sino un eterno y gozoso volver a empezar, y con este pensamiento en la mente los vio penetrar en una esfera invisible y desconocida, pero no por ello menos real, y entrar en el reino divino de lo no dicho, aquel lugar que está más allá de esta frase que escribo, exactamente en el otro lado, más allá de donde tus ojos leen.

Vio que se hacían invisibles en un acto de suprema liberación, como invisibles se harán estas palabras que ahora lees con prisa por llegar al final —¿qué final?

Al finalizar

Quizá creas, como yo, que las fábulas y los cuentos son las tenues puntadas que entretejen lo imaginario y lo real. El fino hilo que engarza y permite observar con claridad cómo las perlas de lo divino se entremezclan y se unen con el humano anhelo de alcanzarlas.

Quizá pienses, como yo, que las fábulas y los cuentos contienen el delicado rastro que muestra el modo de escapar del civilizado laberinto, de las altísimas paredes que como encajonados ríos nos oprimen, nos aprisionan y nos impulsan a seguir siempre el mismo cauce. Una rutina que esclaviza y niega todo nuevo aprendizaje, que ensalzamos y santificamos al llamarla normalidad, aunque por muy normal que sea no es natural. Normal lo es porque se acepta como habitual, pero es absolutamente artificial y vana.

Quizás hagas como yo y busques entre los símbolos de los cuentos la áurea llave que abre las reforzadas cerraduras, las pesadas siete puertas que liberan y esparcen al infinito el luminoso oro de la realización, encienden la delicada fragancia del amor y destilan el renovador bálsamo de la suprema mirra. Antiguas alegorías que evocan cualidades; relatos que cuando son vividos evitan caminos desviados y retorcidos, encrucijadas intelectuales, enredados conceptos que confunden y alejan de la buscada realización; discusiones sobre la naturaleza de las cosas; abstracciones que al menor descuido nos convierten en teóricos de lo práctico y practicantes de lo teórico...

Y quizá ya hayas adivinado que esa llave de reluciente oro, capaz de abrir lo imposible, no es más que aquel estado de conciencia que proporciona la distendida lectura del cuento. Es la espontánea recuperación del sentimiento de ingenuidad, de sencillez y pureza de ánimo a que nos invita el héroe y que ya poseíamos de niños, la misma que, con las prisas, con tantos años de complicaciones, problemas y enredos, había caído en el olvido.

La prisa, las urgencias y el vivir acelerado de lo civilizado nos relegan casi al último lugar. En la ciudad artificial y, no obstante, normal, todo es más importante que nosotros mismos y nuestras sencillas necesidades de salud, amor y compañía.

Sí, es ese candor que despierta el cuento la llave que nos abre la puerta del jardín del Edén y nos sana... ¡Oh!, no deja de sorprenderme su simplicidad... Pues..., tan lejos y tan cerca está siempre la respuesta que con tanto empeño buscamos...

En efecto, es esa aparente sencillez, desprovista de intención, la que nos permitirá vivir, y vivir bien. Pensar sin tan pesado pensar; sentir, sintiendo en plenitud; amar y ser respetuosamente amado, sin acuerdos previos ni restricciones. En verdad se trata de volver a pensar con simplicidad; un pensar que debería ser como el llover, agua que cae del cielo y sin más empapa cuanto toca; un sentir calmado, como el mecer suave de las aguas en el lago; un amar libre de culpa, gozoso, como el del bosque. Para disfrutar así del amanecer de una vida espontánea y en armonía, en la que cada fase, cada cosa y toda persona es, en sí misma, la más preciada riqueza.

Si finalmente crees que la fábula es el modo más idóneo de transmitir, proteger y perpetuar un conocimiento, pues alberga una realidad que no todos comprenden, te confesaré que muchos años después he regresado al mismo bosque del que hablo en estas páginas y me he sentado junto al amado árbol en busca de la trascendental inspiración, el ritual propiciatorio que me permitiera escribir la historia, desvelar los secretos de la transformación espiritual.

Aquel joven del que hablo hace mucho tiempo que abandonó el lugar. Camina ahora por el mundo, se mezcla con discreción entre las gentes y cumple sus responsabilidades. Parece uno más entre ellos, pero es distinto. Es luz para su propio espíritu e inspiración para los que buscan el modo de alcanzar lo que él pudo realizar. Pasa desapercibido, pero si estás atento, quizá, si te cruzas con él podrás reconocerlo. Existen algunas señales. Mientras aguarda para cruzar la ancha avenida, su mano roza con discreción un árbol; tal vez lo descubras en un parque, sentado bajo algún hermoso árbol. Fíjate, parece medio dormido, pero en verdad está medio despierto. ¿Qué me dices?, ¿que es lo mismo? Sí, claro, es lo mismo, pero no es igual. ¿Puedes ver la pequeña diferencia? Es esta pequeña diferencia la que marca la gran diferencia. ¿Te das cuenta?, no existe más límite que nuestro propio pensamiento, que nuestra particular visión del mundo.

Puede ocurrir también que creas que la historia que he narrado no sea más que un sueño. Pero deja que te diga que algunos sueños son estrellas aún más radiantes que las que en la noche nos alumbran. Y que algún día una de ellas, allá, desde el cielo, nos llamará. Y ese día nos alzaremos de nuestro denso dormir como ancianos peregrinos y nos pondremos en camino, como hizo el protagonista de esta historia. Así seremos capaces de realizar nuestro sueño, aquello que hará que nos sintamos felices. Al hacerlo descubriremos que nunca ha existido ningún fiero guardián para impedírnoslo.

De nuevo la misma calma, la misma suave paz inunda el idílico lugar. Pero ahora, sin una nube en el cielo, la suave brisa acaricia las hojas de los árboles y suaviza y abre mi afable corazón. Sí, amigo lector, ya siento otra vez cómo se acerca la misma sublime presencia. Viene en mi busca. Una fuerza maravillosa, serena y vigorosa se apodera de mí. Ya se perfila a lo lejos la delicada forma de su cabeza, la insondable profundidad de sus ojos, el suave y a la vez firme caminar. Cesa la historia y el tiempo se detiene: también yo debo partir.

Te agradezco tu compañía y te saludo con la mirada, con una sonrisa, con un gesto expresivo.

Adiós.

¿Adiós?

¿Acaso existe un final definitivo?

Las enseñanzas del bosque

Ideas para el desarrollo personal basadas en *Bajo el árbol amigo*

*Las siguientes páginas se ofrecen como un anticipo
de cómo acceder a la sabiduría de los árboles.
Un completo manual será publicado próximamente.*

139

En todo hay un comienzo, un extravío,
y la posibilidad de enmendar.
El bosque, el mar, la naturaleza entera
enseñan con gran precisión
las leyes inmutables que en la vida actúan.
Quien viva en armonía con la naturaleza
muchos grandes dolores evitará.

Vivir en armonía con la naturaleza no significa volver a la edad de piedra, sino permitir el desarrollo de nuestro potencial humano al tiempo que aumenta el tecnológico. Al actuar así estaremos seguros de que la tecnología que hemos desarrollado no nos aniquilará.

Si vives en la ciudad, acude a menudo al bosque. Deja tu automóvil aparcado; no se trata de recorrer muchos kilómetros, sino de caminar en solitario, con paso pausado, para así poco a poco integrarte en el entorno.

Escoge una senda y recórrela a menudo. Observa los márgenes, las plantas, las florecillas o las rocas si las hay. Olvídate de tus preocupaciones y de vez en cuando haz un alto en el camino, toca alguna roca, pero no te sientas diferente a lo que tocas. No seas presuntuoso, no sólo tú acaricias, también eres acariciado. La diferencia es que tú lo ignoras, mientras la roca es plenamente consciente del contacto. Hazlo poco a poco; cuando deposites tu mano sobre la dura piedra, cierra los ojos, relaja los sentidos y ábrete a sentir como la roca. Comprobarás que también te acaricia.

Abraza a un árbol, pero no te tires bruscamente sobre él. A nadie le gusta que un desconocido se comporte así, y mucho menos a unos seres tan sensibles como son los árboles. Primero obsérvalo completamente, y luego, si el lugar te lo permite, camina alrededor tres veces, como si lo cortejaras. De este modo te ganarás su confianza. Luego levanta tu mano izquierda y apóyala respetuosamente sobre su tronco, cierra los ojos y abandónate en ese contacto. Siente la rugosa corteza y déjate llevar por la sensación que el contacto te produce. Recuerda que no eres sólo tú quien tocas, sino que también eres tocado. Luego separa tu mano y siéntate a sus pies y descansa, observa el paisaje, lee o medita. Comparte algún tiempo de tu vida con él. Y cuando te despidas, cuando la calma haya penetrado en tu mente, con su permiso lentamente ábrele tu corazón, al tiempo que tus brazos se extienden y te fundes en un cálido y respetuoso abrazo.

*Quien quiera despertar del denso dormir
junto a un anciano árbol puede aprender.*

Los amigos poseen el don de curar nuestros dolidos sentimientos. Ellos nos ofrecen franca y sincera comunicación, la confianza que nos permite expresar y aliviar nuestras tristezas, pesares y sufrimientos. El alma se cura con el hablar, con el ingenuo compartir, con el comprensivo intercambio. Con la ternura con que se escucha.

Todos tenemos un amigo o una amiga eternos que viajan cerca de nosotros. Un ser luminoso, sin forma, que se nos muestra en la mano anónima que nos salva, que nos ayuda, que nos infunde valor. A esa fuerza protectora los seres humanos la llamamos suerte, pero los habitantes del bosque, de la naturaleza entera, la llaman Madre Divina. Algunos hombres sabios conocieron de su enorme poder y marcaron con negras imágenes los lugares donde su etérea presencia, su energía, se manifiesta.

Los árboles son manifestación de su poder sanador. Busca bajo sus doradas ramas la expresión de ese maternal amor. En algunas comunidades rurales, cuando un niño nace se planta un árbol que ha de acompañarlo a lo largo de su vida. Quizá tú, al igual que yo, hayas nacido en la ciudad y no tengas esa hermandad. Búscala ahora en un bosque cercano, sigue los pasos que te he relatado al comienzo del capítulo VII y aprende bajo él las lecciones del feliz amor.

La vida posee dos caras.
Una es luminosa, otra oscura.
Las dos son necesarias
para que la evolución continúe.
Cada cual posee su tiempo medido,
no extiendas este lapso con tus deseos.

Los bosques nos enseñan las dos fases de la vida. El lado luminoso es hermoso, mientras que el tenebroso, aunque necesario, es terrible y doloroso.

A poco que observes el lado oscuro de la vida humana comprobarás que existen numerosos depredadores: tristeza, dolor, decepción, frustración, engaño… Casi son incontables los enemigos del amor, aunque todos son útiles. De hecho, en la vida no existe nada inútil. Las enfermedades de nuestra niñez tenían por objeto incrementar y mejorar nuestras defensas, el sistema inmunitario, al igual que ahora, de mayores, los dolores y las insatisfacciones tienen como finalidad hacernos más fuertes y flexibles.

No permitas que los depredadores se instalen largo tiempo en tu vida. Es inevitable que lleguen, puesto que ante ciertos acontecimientos necesitamos experimentar la tristeza, la rabia, el dolor… Pero no los retengas más tiempo del necesario, no los transformes en parásitos. Déjalos partir.

Mi amigo el gran árbol decía:

No pienses que cuando sufres mejoras. El sufrimiento no ha liberado nunca a nadie. Son el amor y la paz las energías que nos sanan.

Quien no te ama, es que realmente no te merece. No pierdas tu tiempo en quien no te aprecia ni reconoce tu valor.

La enfermedad en sí misma no aporta realización. Ella es el resultado de la mente; al estar enferma, clama pidiendo ayuda a través del dolor en el cuerpo. Cuando estés enfermo, detén tu actividad y concéntrate en hacer todo lo posible por sanar tu mente y extender esta curación a tu cuerpo.

Nada, ni nadie muere, sino que todos nos transformamos. Los estadios luctuosos son necesarios para protegernos del dolor de la pérdida. Sumérgete en ellos, llora si necesitas hacerlo. Pero no fuerces tu luto extendiéndolo indefinidamente a través de los años. El amor eterno que pretendes vivir a través del dolor no es realmente amor, sino la incapacidad de aceptar tu pérdida. Pregúntate qué es más importante, el dolor que sufres o el amor que viviste. Es preferible que recuerdes a tu ser querido desde el amor en vez del dolor.

Y si por algún designio del destino tú debes ser la inevitable mano que infringe el dolor, recuerda elegir el camino del menor sufrimiento posible. Da gracias por el alimento que recibes, por el dinero y los beneficios que obtienes. Por la familia de la que disfrutas. Por todo cuanto usas y crees poseer. ¿Has pensado alguna vez que todo quizá sea tan sólo un préstamo? Agradece lo bueno que hay en tu vida. El agradecimiento nos libra del egoísmo, transformándolo en realización. Agradece cada mañana y cada noche las cosas y las personas que te acompañan en tu vida.

El paisaje cambia con la estación.
Algunos animales necesitan del calor;
por el contrario, otros precisan del frío.
Con la lluvia unos aparecen,
con la sequía otros se asoman.
El clima, la estación, el lugar
determina claramente qué criatura
puede existir.

En todos los bosques hay seres parásitos que viven de los demás. Algunas personas también se comportan como parásitos. Buscan alimentarse de los sentimientos de los demás. Existen porque nuestro clima emocional consiente su presencia. Si cambias tu modo de obrar, de comunicarte, de relacionarte, observarás cómo acaban emigrando a otro lugar.

Al parásito muéstrale indiferencia y desaparecerá. El egoísta se apoltrona junto a ti porque posees algo que él anhela. El día que ya nada te quede, te abandonará. Él se nutre del poder que posee sobre ti. Si le cortas esa vía alimenticia tendrá que buscar otra vida, otra persona de quien vivir. Pero cuidado, aunque no lo parezca es un ser débil y asustado. Es por ello que cuando le niegues tu sumisión, brutalmente la reclamará. Manténte alerta, pues te chantajeará, se enfadará, te acosará... Puede incluso volverse violento. Así es el egoísta. Se ha acostumbrado a vivir a tu costa, de tu vulnerabilidad, de todo cuanto le das, de lo que te quita, y no va a querer buscarse con facilidad otro de quien vivir. Pero si a pesar de su acoso dejas de darle el clima, el ambiente, el comportamiento que necesita, acabará desapareciendo. Recuerda que, al igual que en el bosque, el parásito siempre se nutre de nuestra debilidad.

Ante una situación así fortalécete preguntándote:

1ª ¿Cuáles son las necesidades que me cubre?: Sexo, compañía, riqueza, entretenimiento, carencia emocional...

2º ¿De qué se alimenta?: De mi miedo a la soledad, de humillarme, del dinero, de mi fácil perdonar, de mi inseguridad, de mi falta de autoestima...

3º Crea una estrategia, un comportamiento diferente que lo ahuyente sin olvidar protegerte.

Elige junto a quién deseas vivir, relaciónate con las personas que amándolas igualmente te amen.

Mi amigo el gran árbol a menudo repetía:

Amar, querer o vivir junto a alguien no es ninguna razón para abusar, descuidar o faltar al respeto. Las relaciones son un reflejo de la relación que tenemos con nosotros mismos. Ámate, hónrate y respétate y convivirás con aquellos que te tratarán igual.

El sacrificarte y el constante acto de dar no despertarán el amor del otro, más bien al contrario, te harán parecer cada vez más débil, menos valioso y, por tanto, menos digno de amor.

Una vez has tenido la experiencia es tiempo de seguir adelante. Cuando una relación termina, suéltala. No importa cuánto creas que ames al otro o cuanto temor tengas a que nunca amarás otra vez. La vida fluye, no intentes detenerla, siempre un amor mejor está esperando.

El amor comienza cuando el reproche termina,
cuando la vanidad y la arrogancia enmudecen,
dando paso a un estado de calma y apreciación
en el cual abrazas la paz contigo mismo.
Sin paz no hay amor, y sin amor no existe
la auténtica compañía.

Los árboles no se resisten, pero no ceden. Están juntos pero no dejan de ser ellos mismos. Se entregan al viento, la lluvia, el sol y las estaciones, pero nunca tienen miedo. Aman sin esperar. Aceptan el amor como llega.

Entregarse al amor puede parecer arriesgado. Anhelas amar y ser correspondido, pero al mismo tiempo puedes dudar y vacilar cuando llega el momento de abrir las puertas de tu corazón. Se tiende a confundir el amor con vulnerabilidad.

Amamos como cada uno de nosotros puede hacerlo. ¿Quizás amas de forma diferente de como eres amada? ¿Quizás a ti te gustaría ser amado de otra manera? Las demandas y las expresiones de amor son tan diferentes que a veces es difícil sentirse totalmente correspondido. Pero no debes olvidar que cada relación feliz o desafortunada, interesada o indiferente, es un intervalo de experiencia, una perla de sabiduría en el collar de nuestro conocimiento. Un instante en la infinita magnitud del tiempo que, sumados uno y otro y otro, se revelan como experiencias que nos adentran en la comprensión de aquello que de misterioso tiene la vida; en la distancia sin medida, en el eterno sin fin comenzar.

Profundizar, ganar maestría en el arte de amar es el cometido que todos desempeñamos. No huyas del amor, entrégate a él. Y si éste termina o te desengaña, no sufras; otro mejor, más maduro, intenso y adecuado te espera. Habitamos este planeta superpoblado con la finalidad de ganar maestría en el arte de relacionarnos y amar. Y cada relación nos mejora, nos hace más comprensivos, nos acerca a nuestro ideal.

Vivir significa relacionarse, los seres humanos nos necesitamos y por ello anhelamos la compañía, el reconocimiento y el amor de los demás. Pero hoy en día mucha gente se burla del amor. Ya no creen en él. Incluso se confunde el amor con posesión, pero el amor es tan especial y diferente… El amor es algo más que dos cuerpos juntos, es una experiencia, un estado de vida donde la necesidad y la posesión son sustituidas por el compartir y el disfrutar. Es el deleite de un corazón calmado, donde el amor ha sustituido la necesidad que representa el simplemente querer.

Hay resplandecientes diamantes enterrados en las profundidades de la tierra. Para poder llegar a ellos, no obstante, debemos excavar mucho. Remover las pesadas rocas que obstruyen el camino y perseverar en nuestro empeño. La más brillante de las joyas permanece guardada dentro de nuestro corazón, sepultada bajo millares de toneladas de dolor e incertidumbres. Quizás el desescombro te parezca inmenso, quizá pienses que es una tarea imposible… Pero todos estos escombros pueden ser removidos con unas simples acciones: El ejercicio de pequeños actos de auténtico y desinteresado amor. Practica cada día actos sencillos, pero hechos con amor como un modo de acercarte a él. Son como una pequeña raíz que nace de la raíz mayor y penetra en la tierra más y más cada día, haciéndose más y más grande, alimentándose de la más profunda esencia.

Recuerdo que mi amigo el gran árbol dijo en cierta ocasión:

En vez de tratar de ayudar, mejor busca la ocasión de ser útil.

Ser útil a los demás no significa olvidarse de sí mismo. Ese olvido es evasión y locura y el ser útil siempre es responsabilidad y aprendizaje.

¿Para que vivimos si no para hacer más fácil la vida de los demás?

Los árboles nos muestran un camino donde el amor aún es posible. A pesar de tanta guerra y de absurdos intereses estoy seguro de que un nuevo ser humano va a emerger. Tengo confianza en ello.

Ama la naturaleza, salva al planeta.

Sé que cuando yo desaparezca
los demás olvidarán lo que dije,
olvidarán lo que hice,
pero quizá nunca olviden
cómo les hice sentir

Si deseas información sobre las conferencias, seminarios y cursos que imparte Frederic Solergibert puedes dirigirte a:

Salud y Desarrollo Personal
Córcega, 459, ático
08037 Barcelona, España
Tel. (34) 932 071 003 Fax (34) 932 074 806
www.servisalud.com
frederic@servisalud.com

*Este libro se terminó de escribir
a los pies del gran árbol
el 12 de enero del 2002 en
Seelisberg, lago de Lucerna,
Suiza.*

Del mismo autor

LO QUE NO SE VE
La nueva espiritualidad más allá
de las creencias

*El libro debe ser un revulsivo para la conciencia.
Hace que ésta se remueva y elimine todo aquello que im-
posibilita su ascensión. Y a ello no contribuyen los libros
arrogantemente técnicos y dirigidos a un sector limitado,
sino los que se escriben con el alma transparente. Y éste
es un libro de agua cristalina y de lectura terapéutica.
Nos hace ser mejores porque nos da herramientas para
serlo. Es un libro que se lee y, además, se usa. Y nunca se
tira.*